cDv
DRESSLER

Dagmar Chidolue

Millie in Moskau

Illustrationen von

Gitte Spee

Cecilie Dressler Verlag · Hamburg

Viele andere Millie-Geschichten
erzählt Dagmar Chidolue in ihren Büchern:

Millie auf Kreta
Millie auf Mallorca
Millie in Ägypten
Millie in Berlin
Millie in Hollywood
Millie in Italien
Millie in New York
Millie in Paris
Millie feiert Weihnachten
Millie geht zur Schule
Millie und die Jungs

FSC
Mix
Produktgruppe aus vorbildlich
bewirtschafteten Wäldern und
anderen kontrollierten Herkünften

Zert.-Nr. SGS-COC-1940
www.fsc.org
© 1996 Forest Stewardship Council

Einband- und Innenillustrationen von Gitte Spee
Lektorat: Maren Jessen
Satz: UMP GmbH, Hamburg
Druck und Bindung: GGP Media GmbH, Pößneck
Printed in Germany 2008
ISBN 978-3-7915-0407-0

www.cecilie-dressler.de

Inhalt

Väterchen Frost

Wenn Millie aus dem Fenster schaut, sieht sie einen weißen Wasserfall mit goldener Litze. Das ist komisch, nicht wahr? Wie kommt denn ein Wasserfall vors Fenster?
Hähähä. Gar nicht komisch. Der Wasserfall ist nämlich kein Wasserfall, und das Fenster ist nur ein Guckloch im Flugzeug.

Jaha, Millie darf wieder verreisen. Dieses Mal ist sie mit Mama alleine unterwegs. Nur ganz kurz, Trudelchen! Musst nicht weinen!
Trudel ist Millies kleine Schwester, die bald drei Jahre alt wird. Aber Millie ist schon groß. Zweite Klasse! Und sie hat Ferien! Trudel hat noch nix.

Mama muss in diesen Ferien arbeiten, dafür hat Papa frei und kann gut auf die kleine Schwester aufpassen und sie trösten, wenn Trudel Sehnsucht nach Millie oder Mama hat. Papa wird den **lieben langen Tag** mit ihr spielen müssen. Pyramiden bauen. Puzzle mit neun Teilen legen. Bauernhof aufstellen.
Sie können auch spazieren gehen. Aber draußen ist es grau und nass, obwohl **tiefster Winter** ist.
Millie hat Weihnachtsferien! Leider ohne Schnee! Da fährt man doch gerne mal weg. Dorthin, wo es richtig kalt ist.
Und wo wird Millies Flugzeug landen?
Am Nordpol etwa?
Falsch.
Auf dem Himalaja?
Falsch.
So richtig kalt ist es auch in Moskau! Hat Papa gesagt.
Mama und Millie haben sich wegen der Kälte dort dick eingepackt. Stiefel, die man auch prima bei einem Spaziergang auf dem Mond tragen könnte. **Moonboots.** Dicke, selbst gestrickte Schals und dicke, selbst gestrickte Mützen in Lila-Grün und Rot-Petrol meliert. Von Mama selbst gestrickt. Millie kann noch nicht stricken. Aber sie weiß jetzt schon, dass sie **garantiert niemals** freiwillig stricken

wird. Nicht stricken und nicht häkeln. Die schlimmste Schulstunde ist nämlich Handarbeit. Handarbeit kann auch Textiles Gestalten heißen. Ist das Gleiche. Ist gleich blöd. Millie wird nie im Leben vergessen, wie schrecklich es ist, Topflappen zu häkeln. Topflappen mussten sie nämlich schon in der ersten Klasse fabrizieren. Millie hat **mehr schlecht als recht** gerade einen geschafft. Sie hat einfach nicht genug Finger für solche Krusselwusselarbeit. Vor lauter Anstrengung hätte sie sich doch fast die Zunge abgebissen. Nee, danke. Häkeln und Stricken ist Arbeit. Schreiben ist auch Arbeit. In der Schule muss Millie sich sehr anstrengen, damit sie beim Schreiben keine Fehler macht. Noch schlimmer ist schönschreiben. Ihre Freundin Kucki hat nicht so viel Mühe damit. Mama auch nicht. Schreiben ist ihr Beruf, und schönschreiben tut der Computer.

In Moskau soll Mama die Augen aufhalten und aufschreiben, was die Leute so machen, ob sie sonntags spazieren gehen oder lieber mit ihren Kindern das Puppentheater besuchen oder den Zirkus. Aus ihren Notizen macht Mama einen Artikel. Das ist so was Ähnliches wie ein Aufsatz. Mama schreibt aber nicht für die Schule, sondern für eine Zeitschrift.

Jetzt sitzt Millie im Flugzeug und fliegt in den Osten. Frau Morgenroth, ihre Nachbarin, die oft zu Besuch kommt und auch auf das Haus aufpasst, wenn die ganze Familie verreist ist, hat einen gehörigen Schrecken bekommen, als sie von dieser Reise erfuhr.
»In den Osten?«, hat sie gefragt. »Nach Russland? Nach Moskau?«
»Ja!«, hat Mama mit aufgeregter Stimme geantwortet. »Nach Moskau!«
»Uijuijuijuijui«, hat Frau Morgenroth gestöhnt.
Was gibt's denn da zu stöhnen, Frau Morgenroth?
»Moskau!« Frau Morgenroth hat den Kopf geschüttelt und gleich noch einmal laut ausgestoßen: »Russland!«
Ja, Frau Morgenroth! Warum ist sie denn so **fassungslos**?
»Russland ist ganz anders«, sagt sie. »Da gibt's nur Kälte, wilde Gesellen und Wölfe. Und ganz, ganz viel Schnee.«
Na, das hört sich doch spannend an, Frau Morgenroth. Und anders ist es doch überall.
Mama hat nur gelacht. Sie will nicht zu den Wölfen. Und von den wilden Gesellen hat sie auch noch nichts gehört. Mama freut sich auf Moskau. Auf Russland.
Im Atlas sieht Russland ziemlich grün und sehr riesig aus.

Wenn man die Landkarte
etwas schief hält, dann sieht
das Land aus wie ein Hündchen,
das auf den Hinterpfoten hockt
und die Schnauze erwartungs-
voll hochstreckt. Ein Schlapp-
ohr. Und an der Stelle, wo
das Hündchen das linke
Auge hat, liegt Moskau.
Das Hündchen, das Russ-
land heißt, sieht sehr lustig aus.
Millie freut sich auf die Reise
und besonders auf
ganz, ganz viel Schnee.
Der weiße Wasserfall vor
ihrem Guckloch ist nämlich gar kein Wasserfall, sondern
ein mächtiger Schneefall.

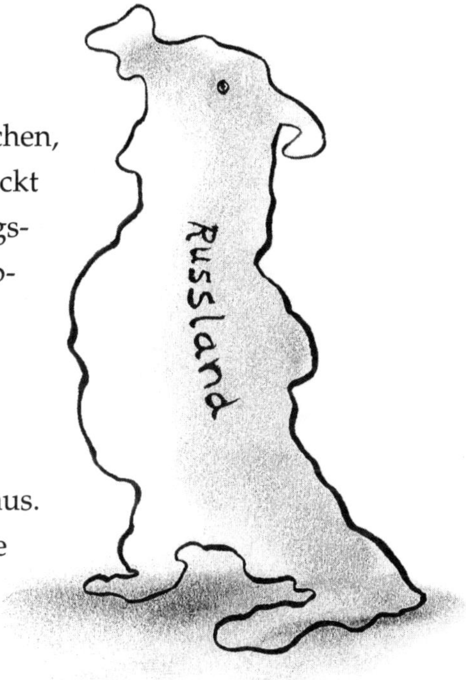

Das Flugzeug bohrt seine Nase in die Schneewand. Es
wackelt ein bisschen. Aber keine Angst, keine Angst! Millie
lenkt sich einfach ab. Sie hat nämlich ein kleines Büchlein
dabei, das handelt vom russischen Winter und vom Weih-
nachtsmann. Der heißt in Russland nicht Weihnachtsmann,
sondern Väterchen Frost, und der kommt auch nicht zu

Weihnachten, sondern ein wenig später. Der kommt, wenn Millie in Moskau ist. Bestimmt!
Das Buch mit der Geschichte von Väterchen Frost, vom Schneemann und dem Hündchen Bobik, dem Fuchs und dem Hasen hat Millie schnell durchgelesen. Huh, in der Geschichte gibt's tatsächlich einen bösen Wolf! Da wird Frau Morgenroth vielleicht doch recht haben.
Aufgepasst, Millie!
Aber Väterchen Frost sieht lieb aus, wie ein Opa und nur ein bisschen wie der Weihnachtsmann. Hoffentlich wird Millie ihn überhaupt erkennen, wenn er ihr über den Weg läuft.
Während Millie liest, blättert Mama im Reiseführer. Millie ist mit ihrer Geschichte über Väterchen Frost schneller fertig als Mama mit ihrem Büchlein über Moskau.

Millie linst hinüber, gerade als Mama sich mit dem Kapitel *Wichtige Sätze auf Russisch* beschäftigt. Natürlich, in Russland wird doch Russisch gesprochen!
Zeig mal her, Mama!
Huch! Was ist denn das? Die Schrift kann man ja gar nicht lesen!
»In Russland schreibt man in kyrillischen Buchstaben, Millie«, erklärt Mama.
Was? Korallisch? Diese komischen Buchstaben … Ist das die Korallenschrift? Es gibt ein richtiges A und ein falsches A. Das N steht auf dem Kopf. Und die 3 ist wohl keine Zahl, sondern auch ein Buchstabe.
Aber zum Glück steht bei den *Wichtigen Sätzen* neben den Wörtern in Korallenschrift auch noch in **normalen** Buchstaben, wie das ausgesprochen wird und was es heißt:
Prijatnych ssnawidenij = Träume süß!
Kuschaj nasdarowje = Lass es dir schmecken!
Ni pucha ni pera = Hals- und Beinbruch!
Na, ob Millie diese Sätze wirklich gebrauchen kann? Sie müsste sie ja auswendig lernen. Puh!
Steht hier nicht irgendwo auch was Leichteres?
Aber klar doch!
Da = Ja.

Ha! Ist doch pickepacke leicht. Gibt's nicht noch so was Einfaches? Millie sucht die Spalten mit ihrem Zeigefinger ab, doch bevor sie ein neues **verständliches** russisches Wort gefunden hat, setzt das Flugzeug bereits zur Landung an. Mama und Millie verstauen schnell ihre Bücher. Anschnallen! Und **hast-du-nicht-gesehen** setzen auch schon die Räder vom Flugzeug auf, wrumm, wrumm, wrumm.

Millie in Moskau!

Boah! Der Schnee aus der Schneefallwolke vor ihrem Guckloch ist genau hier runtergerieselt. Alles ist weiß. Nur das Flugfeld haben sie zum Glück von Eis und Schnee geräumt, sonst hätten Millie und Mama ja gar nicht landen können. Aber alles andere sieht aus wie in Watte eingepackt.

Hm. Es ist ganz schön kalt in Moskau. Saukalt. Papa hat recht gehabt. Und Frau Morgenroth auch. Bestimmt ist es Minus-Minus.

Die Eisluft fährt durch die Nase bis tief in den Bauch und sogar in den Rücken hinein. Gut, dass Mama und Millie ihre wärmsten Sachen angezogen haben. Die Moonboots. Schal und Mütze aus dicker Schafwolle.

Mama und Millie stapfen über das Rollfeld in die Halle.

»Ach«, sagt Mama. »Wir müssen zuerst an den Schalter dahinten. Die Papiere vorlegen.«
Das ist klar. Millie weiß, dass man ohne Papiere nirgendwo einreisen darf. Und sie dürfen auch nicht vergessen, nach ihrer Reisetasche zu schauen. Da sind nämlich die warmen Schlafanzüge drin und für jeden noch dicke Pullover.
Geklappt!
Die Papiere sind in Ordnung, und die Tasche hat Millie auch schon entdeckt. Mama muss sie vom Koffer-Rumlauf-Band hieven und schultert sie mit **Ach und Weh**. Die Reisetasche ist sehr schwer. Viel zu schwer für Millie! Sie kann Mama leider nicht helfen.
In der Halle hinter dem Schalter und dem Rollband schauen sich Mama und Millie erst mal um. Die Leute, die von draußen reinkommen, sind noch dicker eingepackt als sie. Viele tragen lange Pelzmäntel. Männer mit Bärten. Sind das die wilden Gesellen? Und alle Leute haben dicke Puschimützen auf. Aus Wolfsfell oder aus Bärenfell. Hier sieht ja fast jeder aus wie Väterchen Frost. Nur die Frauen nicht.
Mama schaut sich suchend um. Worauf wartet sie?
»Auf Frau Kuschtewskaja«, sagt Mama.
»Wie sieht Frau Kuschiwuschi denn aus?«, fragt Millie.

»Keine Ahnung«, gibt Mama zu.
»Ist sie alt?«
»Ich glaube, so mittel«, meint Mama.
Dann wird es schwierig sein, sie zu finden. Alle Frauen sehen so aus, als könnten sie Kuschiwuschi heißen. Wegen der Puschiwuschimützen!
Mama und Millie sind sofort an ihren bunten Mützen zu erkennen. So was trägt niemand in Moskau.
Eine Frau steuert auf sie zu. Sie hat eine helle Lockenmütze auf, die aussieht wie das Fell eines kleinen Schäfchens. An den Seiten und dicht über den Ohren ist ihr dunkles Haar rausgerutscht. Das ist gut so. Sonst würden ihr ja noch die Ohren abfrieren.
Schon von Weitem streckt sie ihre Arme aus.
»Guten Tag, Frau Heinemann. Dobryj djen.«
»Guten Tag, Frau Kuschtewskaja«, sagt Mama. »Dobryj djen.«
Na, das hat Mama aber gut auswendig gelernt.
Sie stellt Millie vor.
»Dobryj djen, Millie«, sagt Frau Kuschiwuschi.
Millie sagt: »Da.«
Das ist das einzige russische Wort, das sie behalten hat, und es passt ja wohl ein bisschen.

»Nett, dass Sie uns zur Seite stehen werden«, sagt Mama. Aha. Frau Kuschiwuschi wird ihnen helfen, sich in Moskau zurechtzufinden. Mit Millie alleine würde Mama das ja nie schaffen. Mama kann ja auch kein Russisch, gerade noch *Guten Tag.* Und die Korallenschrift können sie beide nicht lesen, Mama nicht und Millie erst recht nicht.
»Nitschewo«, sagt Frau Kuschiwuschi und lächelt.
»Nitschewo?«, fragt Mama nach.
»Wie sagt man …«, überlegt Frau Kuschiwuschi. »Keine Ursache. Oder so ähnlich. *Nitschewo* kann man immer sagen. Heißt: Macht nichts. Oder: Geht schon in Ordnung. Kann man sagen: Ist okay?«
»Ja«, sagt Mama und lacht. »Ist okay.«
Frau Kuschiwuschi ist nicht alleine gekommen. Sie hat einen Jungen mitgebracht. Der hat sich hinter sie gedrückt, als wollte er sich verstecken.
Frau Kuschiwuschi holt ihn hervor. Er stolpert ein bisschen.
»Darf ich Ihnen Andrej vorstellen? Andruscha ist mein Söhnchen. Sag Hallo, Andruscha.«
Na, das wird der Junge nicht verstanden haben. Millie schaut ihn sich genauer an. Vielleicht ist Andrej genauso alt wie sie. Wie groß genau, kann Millie nicht sagen, weil

er nämlich eine himmelhohe Fellmütze mit Ohrenklappen trägt. Wenn er sie abnehmen würde, wäre er bestimmt kleiner als Millie, also mickrig. Micky. Mickymaus.
Seine Kappe ist sicherlich aus Wolfsfell. Er hat sie allerdings nicht über seine rot gefrorenen Ohren gezogen. Sie klemmt dahinter und hat seine großen Ohrmuscheln nach vorne geschoben.
Andrej hat solche Segelohren, dass er wahrscheinlich damit fliegen könnte. Mickymaus hat doch auch so große Ohren.

Passt also.
Das Söhnchen ist wohl nicht gerne mit seiner Mama mitgegangen. Millie merkt, dass Andruscha schlechte Laune hat. Er sagt auch nicht *Doppel-Dingsbums, guten Tag*. Er nuschelt sich was in den Bart, das sich anhört wie *Bratwurst*.
Soll das *hallo* heißen?
Wahrscheinlich.
Hallo, Bratwurst.
Die Hände nimmt Andrej auch nicht aus den Taschen. Bestimmt hat er keine Handschuhe an. Aber der müsste doch wissen, dass es **saukalt** in Moskau ist.

Frau Kuschiwuschi erklärt, dass es Andruscha mit den Segelohren im Moment nicht so gut geht, weil er Ohrenschmerzen hat.
Da soll er sich doch die Klappen seiner Wolfsmütze über die Segelohren ziehen!
Mama sagt: »Hallo, Andruscha«, und Millie sagt nix.
»Er hört es nicht gern, wenn man ihn Andruscha nennt«, sagt Frau Kuschiwuschi. »Nur ich darf ihn so nennen«, fügt sie hinzu und amüsiert sich. »Und seine Babuschka.«
Wer?
»Seine Großmutter.«
Aha.
Frau Kuschiwuschi will Millie und Mama heute nur bis zum Hotel begleiten. Dort drüben, einmal runter vom Vorplatz des Flughafens, über die Straße und wieder rauf auf den Bürgersteig, ist die Haltestelle für den Bus, der sie in die Stadt bringen soll.
Der Schnee hier draußen liegt meterhoch! Aber bestimmt! Frau Kuschiwuschi und Andruscha laufen auf dem Schnee und dem dicken Eis **wie auf Eiern**. Alle Leute laufen **wie auf Eiern**. Mama macht es ihnen nach. Aber **wie auf Eiern** laufen sieht blöd aus.
Millie versucht ein paar flotte Schritte. Kein Problem mit

ihren Moonboots. Da kann sie ruhig einen Zahn zulegen.
»Pass auf, Millie!«, ruft Mama. »Es ist glatt!«
Doch da macht Millie schon einen Rutscher. Sie rudert mit den Armen. Rückwärts und vorwärts und rückwärts, aber dann knallt sie doch auf den A…, auf den Popo.
Mama kommt, so schnell sie kann, angewatschelt.
»Hast du dir wehgetan, Schätzchen?«, fragt sie und hilft Millie auf die Beine.
Nö, zum Glück sind alle Knochen heil geblieben. Na, das wäre vielleicht was gewesen, wenn Mama jetzt mit Millie ins Krankenhaus gemusst hätte. Aber das Schlimmste ist, dass Andruscha Millie doof anguckt. Ist er etwa **schadenfroh**? Und muss Millie sich jetzt schämen, weil sie hingeknallt ist?
Nö!
Nitschewo, Mickymaus!
Und da ist auch schon der Bus. Der schaukelt sie durch die Vorstädte von Moskau. Viele, viele Straßen voller vieler, vieler Wohnblocks. Weil die alle ziemlich gleich aussehen, wird Millie müde. Im Bus ist es mollig warm. Millie döst vor sich hin. Der Bus brummt und brummt. Der brummt einen ja in den Schlaf. Millies Kopf sinkt schon auf die Brust.

Sie schreckt erst auf, als sie bereits mitten in der Stadt sind. Oh! Hier sehen die Häuser aber ganz anders aus als vorhin. Manche Gebäude sind riesengroß und ähneln Burgen aus lauter Legosteinen mit hohem Zickezacke-Dach. Türmchen drauf und noch ein weithin rot leuchtender Stern.
Alles aussteigen!
Manno. Draußen ist es doch so kalt! Aber sie müssen noch ein Stückchen zu Fuß laufen, um das Hotel zu erreichen. Hoffentlich ist es dort so schön warm wie im Bus. Millies

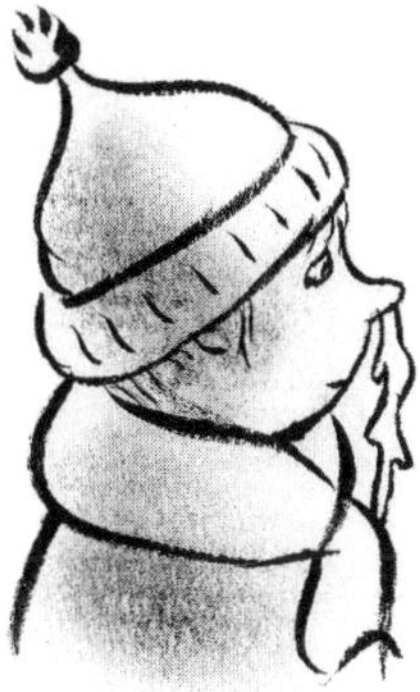

Nase tropft schon bei der Eiseskälte. Bald werden richtige Eiszapfen an ihrer Nase baumeln, so wie diese langen, spitzen Dinger, die hier überall von den Ästen der Bäume und Sträucher runterhängen.

Jetzt laufen sie im Gänsemarsch. Vorneweg Frau Kuschiwuschi, dann kommt Andruscha mit den Segelohren. Danach Millie und Mama bildet **das Schlusslicht**. Plötzlich macht Frau Kuschiwuschi halt und zeigt mit einer ausladenden Armbewegung auf die Landschaft vor ihnen. Mitten in der Stadt sieht Moskau wie durchgeschnitten aus.

»Die Moskwa«, erklärt Frau Kuschiwuschi. »Fluss trennt Moskau in zwei Teile.«

Komisch. Man kann gar nicht erkennen, dass die Mostquappe ein Fluss ist. Zugefroren. Da kriegen ja sogar die Enten eisige Füße. Vielleicht kann man über das Eis auf die andere Seite laufen. Millie würde sich das aber nicht trauen.

»Ganz schön kalt hier«, meint Mama und lächelt Frau Kuschiwuschi **gequält** an.

»Minus zehn Grad«, weiß Frau Kuschiwuschi. »Nitschewo. Ist noch gar nichts. Es könnte noch viel kälter werden. Minus fünfundzwanzig Grad, minus dreißig Grad. Manchmal … fette, nackte Männer schlagen Löcher in Eis und springen in kalten Fluss. Schönes Bild.«

Hat Millie richtig gehört? Fette Männer, die bei Minus-Minus im eisigen Fluss baden?

»Ja«, sagt Frau Kuschiwuschi. »Sieht lustig aus, sehr, sehr lustig. Sehen aus wie Nilpferd.«
Mama lacht darüber. »Walross«, verbessert sie.
»Ja«, sagt Frau Kuschiwuschi. »So nennt man wohl fette, nackte Männer.«
Millie geht ein paar Schritte vor bis ans Geländer der Mostquappe. Aber leider ist kein Nilpferd zu sehen und auch kein Walross.
»Brrr«, sagt Mama und schlägt die Arme um ihren Oberkörper. »Ich fange schon an zu zittern, wenn ich mir das nur vorstelle.«
»Ach, ist doch noch nicht richtig kalt«, meint Frau Kuschiwuschi. »Ihr habt schöne, warme Mütze auf Kopf. Kappka. Da kann man lachen.«
Lachen? Etwa über Millies lila-grün und rot-petrol melierte Schafwollmütze? Na, sie könnte auch über die Puschimütze von Frau Kuschiwuschi lachen. Und über Andruscha mit seiner himmelhohen Wolfsfell-Kappka.
Armer Wolf. Armer, armer Wolf.
Oh. Fast hätte Millie jetzt vergessen, dass sie lieber **wie auf Eiern** laufen sollte. Auf dem spiegelglatten Gehweg fängt sie sich nur im letzten Moment.
»Astaroschna!«, mahnt Frau Kuschiwuschi. »Astaroschna!«

Und Mama brüllt fast gleichzeitig: »Achtung!«
Ja, schon gut. Hinknallen … das wird Millie nicht ein zweites Mal passieren. Dann hätte Andruscha nämlich wirklich einen Grund, schadenfroh zu sein.
»Nitschewo«, sagt sie also.
Nix passiert.
Russisch ist doch pickepacke leicht. Andruscha mit den Segelohren wird sich noch wundern.
Zum Glück sind es nur noch ein paar Schritte bis zum Hotel.
Frau Kuschiwuschi verabschiedet sich vor der Tür.
»Bis übermorgen«, sagt sie. »Dasswidanja.«
Andruscha mit den Segelohren sagt nichts. Er dreht sich einfach um und eiert neben seiner Mutter davon.
Am liebsten möchte Millie gleich schlafen. Aber sie muss vorher noch was erledigen. Sie hat nämlich Papa und Trudel versprochen, ein Tagebuch für die kleine Schwester zu schreiben, und hat extra ein kleines Schreibheft dafür eingepackt.
»Mami, gib mir mal mein Tagebuch!«
»Bitte, Mami!«, sagt Mama streng.
Ja, schon gut.
»Bitte, Mami, gib mir mal mein Tagebuch.«

Mama kramt in der Reisetasche. »Da«, sagt sie.
»Bitte, Millie!«, verbessert Millie. »Danke, Mami.«
Jetzt kann sie den ersten versprochenen Eintrag ins Tagebuch schreiben. Zu Hause wird Papa Trudel vorlesen, was Millie in Moskau erlebt hat. Und Millie kann dann zuhören und alles noch einmal erleben.

Millies erster Eintrag für die kleine Schwester:
Liebe Trudel,
Moskau ist saukalt und saurutschig.
Mein Bett knarrt. Mamas Bett knarrt auch.
Es ist heiß in unserem Zimmer. Die Heizung geht nicht aus.
Hundert Grad plus. Wir haben das Fenster auf und heizen den Weltraum.
Ich habe drei Wörter Russisch gelernt: Kappka, nitschewo und das, was ich schon vergessen habe, guten Tag.
Ach ja, und Bratwurst. Das heißt hallo.
Und da. Da heißt ja.
Da, da.

Metpopo

Gleich nach dem Frühstück am nächsten Morgen machen sich Mama und Millie allein auf den Weg. Sie werden Frau Kuschiwuschi erst morgen wieder treffen. Heute müssen sie die Stadt zunächst einmal selber erkunden.
Die Wege in Moskau sind weit. Am besten steckt man das Reiseführer-Buch in die Tasche und fährt mit der U-Bahn. In Moskau heißt die Metro.
Mama denkt, U-Bahn fahren ist doch ein Klacks. Das haben sie ja alle zusammen schon in Berlin gemacht. Auch in London und sogar in New York.
Aber in Moskau fängt der **Schlamassel** bereits auf der Straße an. Es ist nämlich fast unmöglich, auf die andere Seite zu kommen. Autos, Autos, Autos. Millie schaut sich fast die Augen aus dem Kopf nach einer Fußgängerampel. Falls es in Moskau eine geben sollte, dann ist sie dreihundert Kilometer entfernt.
Gut, dass es eine Unterführung gibt, einen Tunnel, in dem man sogar einkaufen kann. Überall sind winzige Läden eingebaut, so klein, dass sich gerade mal eine Frau oder

ein Mann hineinquetschen kann. Sie verkaufen Feuerzeuge oder Plastiktaschen und Handys und Tulpensträuße. Modehefte auch.
»Na, dann können wir doch mal schauen, ob wir für Tante Gertrud ein Strickheft finden«, meint Mama. »Das wäre doch ein schönes Mitbringsel.«
Ein Strickheft als Andenken an Moskau findet Millie nicht so toll. Aber es ist ja nur für Tante Gertrud. Mama überfliegt den **Blätterwald**, doch sie findet kein Strickheft. Sie will die Frau, die in dem kleinen Laden eingequetscht ist, danach fragen, aber Mama spricht kein Russisch. Die Quetschfrau versteht sie nicht. Kein einziges Wort. Sie zieht die Schultern hoch. Mama ist enttäuscht. Sie wird sich etwas anderes für Tante Gertrud überlegen müssen.
Gleich hinter der Unterführung ist die U-Bahn-Station. Sie heißt gar nicht Metro, Mama! Siehst du? Auf dem Schild steht Metpopo. Das ist doch die Korallenschrift! Und wie will Mama es schaffen, Fahrkarten zu kaufen?
»Am besten Zehnerkarten«, überlegt Mama.
Wenn sie das mal hinkriegt!
Mama muss es hinkriegen. Sie können doch nicht den ganzen Tag lang durch die Gegend eiern. Metpopo fahren geht viel schneller.

Ach, da vorne ist der Ticketschalter. Hinter dem winzigen Glasfenster sitzt wieder eine Quetschfrau.
Mama sagt: »Bitte zwei Zehnerkarten.«
Die Frau hat Mama nicht verstanden. Sie zieht die Schultern hoch.
Mama stöhnt.
»Zeichensprache, Mama!«, schlägt Millie vor.
»Ja, aber wie?« Mama ist ratlos.
Millie hält beide Hände hoch und macht zwei kurze Bewegungen nach vorn. Patsch, patsch. Zweimal zehn ist zwanzig. Zweimal zehn sind auch zwei Zehnerkarten. Oder etwa nicht?
Mama guckt dumm aus der Wäsche.
Ach ja, Millie muss ihre Fausthandschuhe ausziehen, damit Mama **kapiert**, was sie meint. Ganz einfach.
Mama braucht ihre Handschuhe nicht mal abzustreifen, weil sie Fingerhandschuhe anhat.
Patsch, patsch.
Aaah. Jetzt hat die Quetschfrau Mama verstanden. Sie reicht ihr zwei Kärtchen rüber, die fast genauso wie Mamas Bankkarte aussehen. Plastikgeld. Blau gestreiftes Muster mit einer hübschen Metpopo drauf.
Mama schiebt der Quetschfrau einen großen Geldschein

durch einen Spalt im Fenster. Und noch einen Geldschein. Und noch einen.
»So teuer?«, fragt Millie.
»Viele Rubel«, sagt Mama und nickt.
Rubel? Na, hoffentlich hat Mama nicht zu viele Rubbelchen bezahlt. Nein. Sie bekommt sogar noch was zurück. Münzen gegen Scheine.
»Zeig mal her, Mami! Wie sehen denn die Rubbelchen aus?«
Mama zögert.
»Bitte, Mami.«
Aha. Die russischen Zahlen kann man also lesen. Und was sonst noch drauf ist, kann Millie auch erkennen. Adler mit zwei Köpfen. Und auf der klitzekleinen Münze hier ist sogar ein ganzes Pferd drauf. Ein galoppierendes Pferd mit einem Reiter.

»Die winzigen Münzen heißen Kopeken«, sagt Mama. »Ich glaube, sie sind nicht viel wert.«
»Wie viel?«

»Null Komma null, null, null ...«, sagt Mama und weiß nicht weiter.
»Wenn sie nichts wert sind, dann schmeiß sie doch weg«, sagt Millie.
»Geld wirft man nicht weg«, meint Mama und stopft die Münzen in ihre Tasche.
Wenigstens haben sie jetzt freie Fahrt. Millie läuft schon mal vor. Die Leute schieben sich an einer Absperrung durch ein Drehkreuz. Das lässt immer nur eine Person durch. Zack, zack.
Als Millie an der Reihe ist, macht das Drehkreuz nicht zack, zack. Es haut ihr voll gegen die Beine.
Aua, du blödes Drehkreuz!
»Millie!«, ruft Mama. »Kannst du nicht auf mich warten? Wir müssen doch erst irgendwo die Fahrkarte reinstecken.«
Das Plastikgeld? Ach so. Richtig, da ist ein Schlitz in der Sperre. Hat Millie doch nicht gewusst.
Die Sperre frisst die Karte auf. Hups. Zum Glück wird die Karte aber weiter hinten wieder ausgespuckt, und zack, zack gibt das Drehkreuz den Weg frei.
Da ist auch schon die Rolltreppe.
»Bleib bitte bei mir stehen«, sagt Mama.
Aber klar. Millie hat gar nicht vorgehabt, wegzulaufen.

Das würde sie nie tun. Nicht in Moskau. Höchstens mal zu Hause im Supermarkt. Oder beim Irrgarten im Zoo.
Die Metpopo ist auch so ein Irrgarten. Mit der Rolltreppe geht es ganz weit runter. Mindestens so weit wie in einer Pharaonenpyramide. Das hört und hört nicht auf.
Zwischen der Rolltreppe, die runterfährt, und der Rolltreppe, die hinaufführt, sind Lampen angebracht. Na, das sind vielleicht **Prachtexemplare**. Wunderlampen wie aus einem Märchenschatz. In Gold und Silber mit Edelsteinen. Dass die noch keiner geklaut hat!
Die Rolltreppe fährt und fährt und fährt. Fünfzig Meter tief, achtzig Meter, hundert Meter, vielleicht sogar dreihundert Meter tief. Und die ganze Zeit fahren die Wunderlampen an ihnen vorbei. Nimmt das denn kein Ende?
Ein paar Stufen vor Millie auf der Rolltreppe steht ein Mann. Er wankt hin und her und fuchtelt mit den Händen. Er riecht ein bisschen säuerlich. Wie Joghurt. Und er quasselt irgendetwas vor sich hin.
Wie er schwankt und wankt! Wahrscheinlich ist er besoffen. Und jetzt fällt er fast die Rolltreppe hinunter. Oje. Mama fasst nach Millies Hand. Damit ihr nichts passiert. Falls der Besoffene sich vielleicht ausgerechnet an Millie festhalten will.

Da kommen von hinten zwei Soldaten die Rolltreppe runtergelaufen. Sie haben Bärenmützen auf dem Kopf. Kappkas. Sie greifen dem Besoffenen unter die Arme. Werden sie ihn jetzt verhaften? Nee. Sie passen auf, dass er nicht hinknallt. Und unten, als die Rolltreppe endlich zu Ende ist, führen die Bärenmützen-Soldaten den besoffenen Mann in die nächste Metpopo. Ist das nicht nett von ihnen? Es wird ja wohl die richtige Bahn gewesen sein.
Nun kann Millie sich gründlich umschauen.
So was Schönes! Unten in der U-Bahn-Station glitzert und funkelt es tatsächlich wie in einer Schatzkammer. Es strahlt und schimmert, das ist ja der reinste Königspalast! Rot und grün glänzt der Marmor an den Wänden. All die Mosaiken schillern in blauem und rotem Licht. Und die Säulen! Und Bögen! So was hat Millie höchstens mal in einer Kirche gesehen. In Moskau sehen die U-Bahn-Stationen so prächtig aus wie der Petersdom in Rom. Na gut, fast so prächtig. Aber das reicht ja wohl, um **Aaahhh** zu sagen.
Und wohin jetzt, Mama? Nach links? Oder nach rechts? Mama zückt ihren Metro-Plan. Auf dem sind alle U-Bahn-Linien verzeichnet. Blöderweise in Korallenschrift.
Mama studiert den Plan. Sie guckt und guckt, aber sie kann den Plan nicht lesen.

Ob Millie helfen kann? Wo wollen sie denn überhaupt hinfahren?
»Zum Kreml«, sagt Mama.
Der Krümel liegt mitten in Moskau. Und wo sind sie jetzt?
Auf dem U-Bahn-Plan ziemlich weit oben.
Wie heißt die Station?
Na, so was wie Gagiwatschiknatschi.
Hm. Dann können sie doch den Kokoloribetschi-Zug nehmen oder die Abgalitschko-Metpopo. Oder auch nicht.
Uijuijuijuijui.
Mama braucht Zeit. Millie sieht sich noch mal ein bisschen um. An der Rolltreppe neben der untersten Wunderlampe stehen die beiden Bärenmützen-Soldaten und unterhalten sich. Sie passen wohl auf, dass niemand die Treppe runterfällt.
Mama studiert immer noch den Metro-Plan. Sie weiß nicht weiter.
Und was jetzt?
Mensch, da vorne sind doch die Bärenmützen-Soldaten!
Die wissen bestimmt, welche Bahn sie nehmen müssen.
Millie lächelt die Soldaten an. Einer lächelt zurück.
Mama schaut Millie an. »Was grinst du so?«, fragt sie.
»Machst du dich über mich lustig?«

Millie weist mit dem Kopf auf die Soldaten. Zeichensprache!
Mama sieht auf. Der Lächel-Soldat kommt auf sie zu. Mama zeigt auf den Plan. Und sagt, dass sie zum Krümel fahren wollen.
Verstanden?
Könnte sein. Der Soldat redet auf Mama ein, aber sie versteht natürlich nicht, was er sagt. Häh?
Nun kommt auch der andere Soldat. Beide Bärenmützen-Soldaten schauen sich an und lachen sich über Mama und Millie kaputt. Manno!
Aber dann versuchen sie, durch Zeichensprache den Weg zur richtigen Metpopo zu erklären. Sie lassen ihre Finger in der Luft trippeln, sie drehen sich nach links, sie zeigen nach rechts und schauen Mama dabei fragend an.
Verstanden?
Sie trippeln so lange mit den Fingern, immer und immer wieder, bis Mama **ein Licht aufgegangen** ist. Ja, zuerst müssen sie die Himpotschitschi-Bahn nehmen.
Die Bärenmützen-Soldaten freuen sich, als Millie und Mama in die richtige Metpopo gestiegen sind. Sie lächeln von hier bis dort und machen winke, winke und Mama und Millie winken zurück.

»Was heißt *danke* auf Russisch, Mama?«, fragt Millie.
Mama muss im Reiseführer nachschauen.
»Spassibo«, flüstert sie. Sie sagt es leise, weil sie ja noch nicht richtig Russisch kann.
Was hast du gesagt, Mama? Spatzenklo?
Und obwohl niemand sie verstehen kann, fährt Mama genauso leise fort: »Ich glaube, die beiden dachten eben, wir sind ein bisschen doof.«
»Nö«, sagt Millie nach einigem Nachdenken. »Ich glaube, die dachten, wir sind ein bisschen besoffen.«

Astaroschna! Astaroschna!

In der U-Bahn gehen die Türen automatisch zu. Man muss aufpassen, nicht dazwischen eingeklemmt zu werden.
»Astaroschna!«, brüllt es aus dem Lautsprecher. »Astaroschna!«
Das hat Millie doch schon mal gehört! Ach ja, das hat Frau Kuschiwuschi gerufen, als Millie fast auf die Schnute geknallt wäre. Achtung, heißt das. Vorsicht! Achtung!
Wieder was gelernt.
Mama hat die Haltestellen auf dem Metro-Plan durchgezählt. Sie müssen bis fünf zählen, dann sollen sie den Zug wechseln.
Jetzt kommt die Fünf! Nix wie raus, Mama, bevor die Türen wieder zuknallen.
Und wo nun entlang?
Eingang? Ausgang? Durchgang? Was steht da oben auf den Schildern?
Sieht aus wie BOX, wie BIX, wie PEX.
Nehmen wir doch die PEX.
Prima. Das könnte die Kokoloribetschi-Bahn sein.

Die Leute drängeln. Der Lautsprecher brüllt. Astaroschna! Astaroschna!
Mama lässt Millie vorgehen. Sie gewährt auch noch einer alten Frau den Vortritt.
Millie ist schon im Zug.
Mama ist noch draußen.
Da knallen die Türen zu.
Hilfe, Mama, Hilfe!
Millie sieht noch, wie Mama schnell einen Finger hochhält.
Dann rauscht die Bahn davon.
Millie allein in Moskau.
Allein zwischen all den dick vermummten Leuten in der Bahn.
Soll sie jetzt losheulen?
Nein, es würde ja niemand verstehen, dass Millie verloren gegangen ist. Sie kann doch kein Russisch.
Was nun, was soll sie tun?
Das Blut rauscht in Millies Ohren. Ihr Herz klopft bis hinauf in den Hals, rawumm, rawumm.
Erst mal überlegen.
Was könnte Mamas hochgestreckter Finger bedeuten?
Sollte es das Zeichen für **eine** Station sein? Oder was?
In ihrem Kopf saust und braust es. Sie kann gar nicht

richtig nachdenken. Im Bauch ein schwerer, harter Stein.
Oh ja, Millie hat Angst.
Vielleicht sollte sie die Notbremse ziehen. Die wird es hier doch irgendwo geben.
Dort drüben das rote Ding an der Decke?
Ach, das ist ja viel zu hoch. Aber vielleicht gibt es an der Tür auch so einen Hebel. Millie schaut sich gerade um, da hält die Metpopo.
Millie springt schnell raus.
Sie bleibt wie **angewurzelt** stehen. Sie rührt sich nicht von der Stelle und wartet auf die nächste Bahn.
Und wartet und wartet.
Die Zeit kommt ihr endlos vor.
Was ist, wenn gar keine Bahn mehr kommt?
Was dann?
Endlich rauscht doch eine Bahn heran. Die Türen öffnen sich.
Astaroschna! Astaroschna!
Da ist Mama.
Millie fliegt in ihre Arme. Der Kopf ist frei, der Bauch ist leicht. Nur das Herz macht noch leise rawumm, rawumm.
Nie wieder wird sie Mama in Moskau aus den Augen lassen.

Gut nur, dass es die Zeichensprache gibt!
»Schätzchen, es hat zwar nur drei Minuten gedauert …«, seufzt Mama.
Nein, Mama. Es war eine **Ewigkeit**.
»… aber ich wäre fast verrückt geworden«, fährt Mama fort und drückt und küsst Millie immer und immer wieder. »Ich glaube, jetzt muss ich erst mal an die frische Luft.«
Ja, nehmen wir doch die BOX.
Oben, an der kalten, frischen Luft, will Mama sich zunächst **orientieren**. Gibt es hier ein Straßenschild?
Ja. Kann man nicht lesen. Korallenschrift!
»Könnte Twerskaja bedeuten«, sagt Mama. »Diese große, breite Straße.«
Davon gibt es doch ganz viele in Moskau!
»Da vorne, das schöne Gebäude könnte das berühmte Delikatessengeschäft Jelisejewski sein.«
Jeli… was? Millie könnte das nie aussprechen. Sie weiß nicht einmal, was ein De-li-ka-tes-sen-Geschäft ist, was mit *essen* wahrscheinlich, na gut.
Oh. Der Jeli-Deli-Laden ist auch ein Palast. Wie die Irrgarten-Metro-Station. Glitzerblitzer. Kronleuchter an der Decke über dem Käsestand. Säulentempel neben den Ketchup-Flaschen.

Und schon wieder ein Mann in Uniform. Der passt auf, dass man nichts **mitgehen lässt**, was man nicht bezahlen kann.
Hoch aufgetürmte Berge von Keksen und Schokolade gibt es hier. Das sieht schon mal sehr interessant aus.
Mama guckt sich lieber die kleinen blauen Dosen an, die in einer Kühltruhe liegen. Neben den nackten Fischen.
Mama will die Dosen gar nicht kaufen. Nur ansehen. Der Uniform-Mann schaut schon komisch herüber.
»Die kosten ein Vermögen«, sagt Mama **ehrfurchtsvoll**.
Die Zahl auf dem Preisschild kann Millie noch nicht entziffern. Das lernt sie wohl erst in der dritten Klasse. Oder in der vierten.
»Zweiunddreißigtausend«, sagt Mama.
»Zweiunddreißigtausend Rubbelchen? Ganz schön viel, oder?«
Und für was überhaupt?
»Für Fischeier«, sagt Mama. »Kaviar.«
»Kann man das essen?«, fragt Millie und rümpft die Nase.
»Ja, mein Schätzchen. Das ist etwas ganz Besonderes.«
»Hast du das schon mal gegessen?«
»Ja«, sagt Mama.
Na, die spinnt doch.

Fischeier? Die müssen doch so winzig sein, dass man sie kaum sehen kann. Passen die überhaupt in einen Eierkocher?
»Ach, Millie!«, sagt Mama. »Man isst Kaviar gleich so mit einem Löffelchen.«
»Gekocht oder roh?«
Mama muss überlegen. Sie weiß auch nicht genau, wie aus Fischeiern Kaviar wird. Vielleicht kommen die doch in einen Fischeier-Eierkocher.
Es gibt in dem Jeli-Deli-Laden sogar Eier, die noch teurer sind als Kaviar. Goldene Ostereier mit Adlern auf dem Eierkopf.
»Für wie viel, Mami?«
»Sechsundfünfzigtausend.«
Boah! Sind da Edelsteine drin?
»Nee, Schätzchen, sicherlich nur Pralinen. Aber vor vielleicht hundertzwanzig, hundertdreißig Jahren hat der Zar seiner Frau ein goldenes Osterei geschenkt. Ein Goldschmied hat es angefertigt. Da war ein Hühnchen drin, das aus reinem Gold bestand, mit Augen aus Edelsteinen. Man kann es sich heute in der Schatzkammer vom Kreml ansehen.«
»Das hat vielleicht gekostet!« Millie weiß Bescheid. Mama

braucht ihr nichts über Silber, Gold und Edelsteine zu erzählen.
»Ja«, sagt Mama. »So ein echtes goldenes Ei kostet inzwischen vielleicht dreißig Millionen.«
»Rubbelchen?«
»Dollar«, verbessert Mama. »Die Ostereier hier in der Vitrine sind wahrscheinlich nur aus Blech und bemalter Pappe.«
Und wer war dieser Zar? Der so viel Geld hatte, dass er Millionen für seine Frau ausgeben konnte?
»Zar hießen früher die Könige oder Kaiser von Russland. Es gab Zar Nikolaus und Zar Alexander, Iwan den Schrecklichen und Peter den Großen.«
Will Mama nun etwa alle Zaren der Welt aufzählen? Jetzt nicht, Mama. Dafür hat Millie im Moment keine Zeit. Denn wenn man im Jeli-Deli-Laden hinten links um die Ecke geht, gibt es noch was Schöneres zu sehen. Ist bestimmt nicht zum Essen. Ist zum Spielen.
Da stehen Hunderte von Puppen herum, große, kleine, dicke, kugelige, bunte, glänzende Puppen aus Holz.
»Man nennt sie Matroschka«, sagt Mama. »Die werden wir noch zur Genüge in den Andenkenläden sehen.«
Millie möchte aber jetzt und gleich und **auf der Stelle**

so eine Matschpuppe haben. Als Andenken! Und außerdem kann man die Matschpuppen öffnen. Sie sind nämlich genau in der Mitte durchgesägt.
Und was ist dadrin?
Eine Praline vielleicht?
»Nein, Millie. In der großen Puppe steckt eine kleine Matroschka. Und wenn man die öffnet, kommt eine noch kleinere Puppe zum Vorschein. Manchmal stecken dreizehn Holzpuppen ineinander.«
Oh!
Millie würde sehr gerne in eine kleine Matschpuppe reinschauen. Vielleicht in dieses lila Püppchen hier, das mit dem weinroten Kopftuch. Sicherlich geht die nur bis drei. Höchstens bis vier. Wäre was für Trudelchen.
»Lass die Finger davon«, warnt Mama. »Die sind hier viel zu teuer. Die gibt es auch noch woanders.«
Manno.
Mama geht schon wieder zurück, dorthin, wo die bunten Kopftücher hängen, mit Blumen drauf, Rosen, Tulpen, Nelken.
Millie schaut sich schnell noch mal nach den Matschpuppen um. Ah! Da steht eine ganz große, die ist mindestens so groß wie Trudelchen. Da werden nicht nur drei-

zehn, sondern bestimmt dreiundneunzig Puppen drinstecken.

Mal reingucken?

Merkt doch keiner.

Millie schleicht sich ans Regal. Sie muss die Matschpuppe

umarmen, um sie hochzuheben. So schwer ist die! Ein richtiger Brocken.
Millie stellt sie vorsichtig auf dem Boden ab. Dann hockt sie sich davor.
Mann, ist die schön!
Blaue Augen, rote Lippen. Ohrringe. Kopftuch mit Gold, Silber und Edelsteinen. Auf dem Bauch ein Segelschiff und bunte Leute. Kette um den Hals. Sie könnte *Schöne Melusine* heißen. Ja!
Bitte einmal öffnen.
Das ist nicht einfach. Millie muss die Matschpuppe schon wieder umarmen. Eine Hand umfasst Bauch und Rücken der *Schönen Melusine* und die andere hält den Popo fest.
Drehen.
Ziehen.
Jetzt!
Aber in diesem Moment brüllt der Uniform-Mann.
»Astaroschna! Astaroschna!«
Huch. Er kommt auf Millie zugeeilt.
»Njet! Njet!«, sagt er.
Na, was das heißt, kann Millie sich ja vorstellen.
»Nitschewo«, sagt sie leise. Heißt vielleicht auch: nix passiert. Dann lässt sie die *Schöne Melusine* los.

Der Uniform-Mann macht trotzdem ein grimmiges Gesicht. Bevor er aber Millie noch verhaften kann, kommt Mama angeflitzt. Sie sieht ein bisschen erschrocken aus. Millie hat doch bloß geguckt! Und sie hat gesehen, dass im Bauch der *Schönen Melusine* wirklich noch eine Matschpuppe steckt. Die wievielte wäre das dann? Dreiundneunzig weniger eins ist …? Na ja, ganz schön viel jedenfalls. Und hat Mama nicht endlich mal Hunger bekommen? Millie jedenfalls knurrt der Magen. »Mami?«
»Gute Idee. Auf die vielen Schrecken hin sollten wir uns irgendwo hinsetzen und Kaffee trinken.«
»Und Cola«, sagt Millie.
»Erstens kriegst du keine Cola, und zweitens gibt es die gar nicht in Russland«, meint Mama. »Denke ich mal.«
Da hat sich Mama aber geirrt. Es gibt nämlich auch in Moskau Pommesläden mit Hamburger und Ketchup und Cola. Schon von Weitem zu sehen, Mama!
Vorsichtig, vorsichtig über die Straße watscheln, obwohl Millie wegen der Saukälte am liebsten rennen möchte. Selbst die Pfoten in den Handschuhen sind ganz steif gefroren. Und der Schnee auf dem Boden ist überall zu huckeligem, buckeligem Eis geworden. Gefährlich!
Aber nun haben sie den Pommesladen erreicht. Mama und

Millie suchen sich ein schönes Plätzchen am Fenster. Mama trinkt Kaffee und Millie Limonade mit Zitronengeschmack. In Ordnung. Sie teilen sich eine Portion Pommes und einen Hamburger mit Ketchup, Käse und Salat. Die größere Hälfte bekommt Millie, das ist doch wohl klar.
Man kann sich hier drinnen schön aufwärmen und die Leute, die draußen vorbeimarschieren, bedauern. Man kann den Atem der Leute wie eine dicke, fette Wolke aus Mund und Nase rausströmen sehen. Heute Nachmittag sind nur große Leute in Moskau unterwegs. Wo sind die Kinder? Vielleicht sind sie bei der Kälte zu Hause geblieben, weil ihnen schon die Ohren abgefallen sind.
Mama kramt in ihrer Tasche. Ach, sie hat sogar Millies Schreibheft dabei. Da die Pfoten inzwischen aufgetaut sind, kann Millie die Zeit nutzen und Tagebuch schreiben.

Millies zweiter Eintrag für die kleine Schwester:
Liebe Trudel, erst ging ich verloren, aber dann hat Mama mich wiedergefunden. Nix passiert.
Hier gibt es goldene Eier mit Pralinen drin. Sie kosten viele tausend Rubbelchen. So heißt hier das Geld.
Ich bin fast verhaftet worden, und Mama hat heute Nacht zweimal geschnarcht.

»Millie! Was schreibst du denn da? Das stimmt doch gar nicht. Ich schnarche nicht, auf keinen Fall! Und es heißt nicht Rubbelchen, sondern Rubel! Und wenn du weiter solchen Unsinn treibst wie bei Jelisejewski, dann werden sie dich tatsächlich noch mal verhaften.«
Pppfff!
Aber oke. Papierkorb!

Neuer Eintrag:
Liebe Trudel,
vorhin war ich fast verloren. In der Metpopo!!! Hier gibt es goldene Eier mit Pralinen und Matschpuppen mit vielen kleinen Puppen im Bauch.
Ich bin fast verhaftet worden, und Mama hat doch zweimal geschnarcht, das kannst du mir ruhig glauben.

Lauter Flatterbeine

Den Krümel sehen sie heute nicht mehr. Es ist schon später Nachmittag. Zu spät für einen Besuch.
Die Luft ist noch eisiger geworden, frostiger geht's gar nicht mehr. Es ist Minus-Minus-Minus.
Mama und Millie haben sich die Mützen tief in die Stirn gezogen und den Schal bis über die Nase gebunden. Dann wird sie wohl hoffentlich nicht einfrieren.
Nach dem Jeli-Deli-Laden und dem Pommes-Essen sind Mama und Millie eine Querstraße entlanggestiefelt. Neben ihnen taucht plötzlich ein **imposantes** Gebäude auf.
»Ist das nicht …«, überlegt Mama, »ist das nicht …«
Mama ist sich nicht sicher, und deshalb müssen sie am Haus seitlich vorbeischlittern und es von vorne betrachten.
»Ja!«, ruft Mama laut aus. »Das kann nur das berühmte Bolschoi-Theater sein.«
Oder auch ein Königspalast. Ein Zarenpalast. Diese riesigen Säulen! Sieht toll aus.
Aber wenn das Theater so berühmt ist, warum hat es dann so einen blöden Namen?

Bescheuert-Theater!
Vor dem Gebäude steht eine Menschenmenge. Die Leute wollen wohl ins Theater und stehen nach Karten an. Mama schaut sich nach der Warteschlange um. Damit sie die Länge besser abschätzen kann, will sie auf die Mauer steigen, die vor dem Bescheuert-Theater ein großes Blumenbeet begrenzt. Man kann die Blumen nicht sehen, weil der Schnee alles zudeckt und sowieso tiefster Winter ist. Aber was soll es denn sonst sein? Zumindest strecken Dornensträucher ihre hageren Äste aus dem dicken Schneeteppich, als würden sie wegen der Kälte um Hilfe schreien.
Mama will die Mauer erklimmen. Sie stellt einen Fuß auf die Umrandung von dem Bescheuert-Blumenbeet.
»Hilf mir mal, Millie«, bittet sie.
Millie reicht Mama die Hand, aber Mama will sich auf Millies Schulter abstützen.
Geschafft!
Mama hat die Mauer falsch herum erklommen. So wie sie jetzt steht, kann sie das Theater nicht mehr sehen. Hinten hat sie ja keine Augen. Millie findet, dass Moskau gegenüber dem Bescheuert-Theater auch schön ist. Überall in der Stadt sind die Lichter angegangen, und ganz Moskau sieht aus wie eine einzige Weihnachtspostkarte.

Nun will sich Mama aber doch umdrehen.
Die Mauer ist rutschig.
»Huch«, sagt Mama. »Ach du liebe Zeit.« Sie traut sich nicht, sich zu bewegen.
Dort steht Mama nun, oben auf dem Mäuerchen, und schaut aus wie Mütterchen Frost.
Mach mal, dass du runterkommst, Mama!
»Ich helfe dir«, sagt Millie und streckt beide Hände aus.
Sobald sich Mama aber auch nur einen Millimeter bewegt, rutschen ihr die Beine weg.
»Es wird Granit sein«, meint sie. »Oder glitschiger Marmor. Ojemine. Die reinste Rutschbahn! Ich komme hier gar nicht wieder runter.«
Was?
Will Mama etwa auf der Mauer festfrieren?
»Spring doch!«, ruft Millie **voller Sorge**. »Spring, Mami! Spring!«
»Ach, Millie«, sagt Mama und versucht noch einmal vorsichtig, einen Fuß anzuheben.
Die reinste Schlitterpartie!
»Wie hab ich es überhaupt geschafft, hier hinaufzukommen?«, fragt sie sich.
Tja! Wenn Millie da hinaufgeklettert wäre, dann wäre das

wohl eine **Dummheit** gewesen. Und wie nennt man das bei Mama? Millie fällt leider kein passendes Wort ein.
Hat Mama denn kein Turnen in der Schule gehabt? Sie braucht doch nur aus dem Stand mit beiden Beinen gleichzeitig zu springen. **Schlusssprung** heißt das. Lernt man doch schon in der ersten Klasse. Schlusssprung ist babyleicht.
Aber ob man dann auch sicher landet?
Das werden wir sehen.
Millie reicht Mama wieder beide Hände hin. Es sind ja nur kleine Hände, und wahrscheinlich können sie Mama gar nicht halten. Aber kleine Hände machen Mut.
»Schlusssprung, Mami!«
Mama ergreift endlich Millies Hände.
Schlusssprung!
Mama landet ziemlich genau vor Millies Füßen. Sie hält sich an Millie fest, und Millie hält sich an Mama fest. Beide wackeln hin und her und her und hin.
Aber alles ist gut gegangen.
Hat Mama jetzt genug Abenteuer erlebt? Sie schaut sich noch einmal nach der Menschenmenge um.
»Es sind kaum noch Leute vor der Tür«, sagt sie. »Vielleicht haben sie noch zwei Karten für uns übrig. Dann dürfen wir

uns die Gelegenheit auf keinen Fall entgehen lassen, mein Schatz.«
Was? Jetzt? Gleich? Eintrittskarten für das Bescheuert-Theater? Millie kann doch gar nicht verstehen, was die Leute auf der Bühne sagen.
Mama beruhigt Millie: »Wir versuchen, Karten fürs Ballett zu bekommen. Das Bolschoi-Ballett ist die berühmteste Tanztruppe der Welt. In Russland wurde der Spitzentanz sozusagen erfunden, also, der mit den Flatterbeinen.«
Flatterbeine? Na, das hört sich jedenfalls ganz gut an.
Mit Zeichensprache gelingt es Mama doch tatsächlich, zwei Eintrittskarten zu bekommen. Fein, fein. Dann ist heute Abend ja noch was los.
Der Nussknacker.
Mama erzählt, dass sie sich noch genau daran erinnert, wie sie als Kind in diesem Ballett war und den herrlichen blauen Vogel bewundert hat. Sie ist gespannt, ob der heute wieder dabei sein wird.
Obwohl das Bescheuert-Theater so einen bescheuerten Namen hat, sieht es von innen überhaupt nicht bescheuert aus. Im Gegenteil! Schöner kann es sogar im Zarenpalast nicht sein. Es ist sogar noch schöner als in der Metro-Station.

Samt und Seide. Viel Gold und Silber. Das nennt man
Pracht.
In der großen, festlichen Halle trinken alle Leute Sekt.

Millie und Mama nicht. Sie **nippen** an einem Orangensaft und schauen sich die Theaterbesucher an.
Niemand hat eine Kappka auf dem Kopf. Die Frauen mit den kurzen Röcken haben meterhohe Klapper-Absätze an den Schuhen. Manche Damen tragen lange, schimmernde Kleider, und einige haben sich einen toten Fuchs um die Schultern gelegt.
Armer Fuchs. Armer, armer Fuchs.
Millie schaut an sich und an Mama hinunter. Mit ihren warmen Sachen sehen sie beide nicht so toll aus. Gut, dass es jetzt dreimal klingelt und das Licht in der Halle gedämpft wird.
Es geht los!
Im Theatersaal sitzen sie sehr weit vorne.
Klasse.
Die Sessel sind butterweich. Wunderbar bequem. Es ist jedoch Mist, dass auf den Buttersesseln vor ihnen große Leute sitzen.
Herr Glatzkopf und Frau Vogelnest.
Das Ballett ist eine Tanz-Geschichte.
Der Nussknacker handelt vom Mädchen Maria und dem Nussknacker, der eigentlich ein Prinz ist, und vom Nikolaus, vom Mäusekönig, den Zinnsoldaten und den Puppen.

Und weil es ein Ballett ist, wird die Geschichte nicht erzählt, sondern getanzt. Auf Zehenspitzen! **Ist ja irre.** Mal sehen, was so passiert. **Außer** in der Geschichte.
Millie guckt sich die Tänzer ganz genau an. Soweit sie zwischen Frau Vogelnest und Herrn Glatzkopf hindurchschauen kann.
Ob der schwarze Puppenmann vielleicht seine Perücke verliert?
Leider nein. Sie ist festgeklebt.
Ob der Maskenmann und der Schwertmann etwa beim Herumwirbeln zusammenstoßen?
Nee, auch nicht. Der Schwertmann kratzt im letzten Moment noch die Kurve. Dafür kriegt er Extrabeifall.
Und wie viele Purzelbäume können Mäuse schlagen, ohne dass ihnen schwindelig wird? Dreiundzwanzig, vierundzwanzig, fünfundzwanzig?
Den Mäusen wird überhaupt nicht schwindelig!
Aber wo bleibt Mamas blauer Vogel?
Nicht zu sehen.
Weiter geht es mit dem spanischen Tanz.
Klapper, klapper, klapper.
Dann mit dem chinesischen Tanz auf einem Bein.
Die Musik ist sehr schön.

»Von Schopängpängpäng?«, fragt Millie leise.
»Von Tschaikowski«, flüstert Mama.
Und wo bleibt der blaue Vogel?
Ah, nun kommen die Schneeflocken. Jetzt weiß Millie auch, was Flatterbeine sind. Die Schneeflocken können nach der Musik von Tschatschakowski nicht nur auf der Spitze tanzen, sie können sogar Trippel, Trappel in der Luft.
Lauter Flatterbeine.
Mann, ist das schön. Die Schneeflocken flattern und flattern. Und lächeln und lächeln. Bestimmt tut ihnen schon der Mund weh.
Wo bleibt denn der blaue Vogel?
Da ist er!
Na, der kann alles zusammen, er trippelt und trappelt, er flattert, er fliegt. Er springt so hoch, so weit, dass Millie schon denkt, er würde über den Kopf von Frau Vogelnest zu ihr runtersausen.
Nee, er hat es gerade noch geschafft, auf der Bühne zu landen.
Ganz schön anstrengend, was, blauer Vogel? Er japst mächtig. Er ist **aus der Puste**.
Applaus! Applaus!

Die Leute wollen, dass er alles noch einmal macht.
Oke. Oke.
Der blaue Vogel trippelt und trappelt und flattert und fliegt. Er springt hoch und weit. Aber er landet hart. Der blaue Vogel kommt **unglücklich** auf dem Boden auf. Er kann nur noch auf einem Bein hopsen.
Hops, hops, hops.
Er hopst von der Bühne. Der Vorhang fällt.
Die Leute im Theater murmeln. Erst leise, dann laut.
Dann wurschtelt sich ein Mann im schwarzen Anzug durch den Vorhang.
Was sagt er denn?
Das versteht doch niemand.
Doch. Alle Zuschauer verstehen den Mann. Alle können Russisch. Nur Millie und Mama nicht.
Frau Vogelnest dreht sich zu ihnen um.
»Kaputt«, sagt sie und zeigt auf ihr Bein.
»Kaputt«, wiederholt sie.
Heißt *kaputt* auf Russisch denn auch *kaputt*? Heißt das auf der ganzen Welt *kaputt*?
Der arme, arme blaue Vogel. Ob der jemals wieder flattern wird? Da geht der Vorhang wieder auf. Die Geschichte ist noch nicht zu Ende. Das Mädchen Maria tanzt Spitze, die

Puppen springen und der Prinz ist wieder ein Nussknacker geworden. Die Schneeflocken aber flattern mit den Beinen, als hätten sie gar keine, sie fliegen und fliegen und fliegen … Und jetzt fällt der Vorhang endgültig.
Applaus. Applaus. Und noch einen Extraapplaus für den armen blauen Vogel.
Schön war der Tag heute in Moskau. Da hat Trudelchen aber was verpasst. Und obwohl Millie **hundemüde** ist, als sie schließlich mitten in der Nacht das Hotel mit der Weltraum-Heizung erreicht haben, darf sie die kleine Schwester nicht vergessen.

Millies dritter Eintrag für Trudel:
Liebe Trudel,
heute Abend war Ballett. Der blaue Vogel hat sich ein Bein gebrochen. Und Frau Vogelnest hat mir hinterher ein russisches Bonbon geschenkt. Es hat geschmeckt, aber was stand auf dem Einwickelpapier? Cola! Hab ich nichts von gemerkt.

Der Krümel

Der nächste Tag in Moskau beginnt mit der Fahrt zum Krümel. Mama und Millie schaffen es, die richtige U-Bahn zu nehmen. Pickepacke leicht. Einmal einsteigen, immer geradeaus, aussteigen. Sie können sich gar nicht verfahren.
Heute wartet Frau Kuschiwuschi auf dem Roten Platz auf sie. Puh, sie hat ihr Mickymaus-Söhnchen mitgebracht.
»Andruscha sollte eigentlich bei Babuschka sein«, sagt Frau Kuschiwuschi. »Aber Babuschka hat zu tun. Sie hat Geburtstag und nachmittags gibt großes Fest. Hast du Lust zu kommen, Millietschka?«
Andruscha, Babuschka, Matroschka … und jetzt noch Millietschka … Was für eine knuddelige Sprache Russisch ist. Heißt Mama dann vielleicht Mamuschka? Das muss Millie Frau Kuschiwuschi später noch mal fragen. Aber eine Antwort gibt sie ihr nicht. Jetzt müssen sie erst mal weiter. Laufen, laufen, laufen, damit die Füße nicht einfrieren, obwohl die Kälte gar nicht bis zu Millies Füßen in den tollen Mond-Stiefeln durchdringen kann. Die Stiefel

hören allerdings unter den Knien auf. Darüber, an den Oberschenkeln, beißt Minus-Minus ordentlich zu. Gar nicht schön.
Schön ist aber dieser Platz. Und richtig, *rot* heißt auf Russisch eigentlich *schön*. Sagt Frau Kuschiwuschi. Sie weiß alles über Moskau und **versorgt** Mama mit wichtigen Informationen für ihren Artikel. Und sie hilft bei der Korallenschrift.
Dass der schöne Platz vor dem Krümel *rot* heißt, passt. Denn die Krümelmauer ist knallrot angemalt. In die Mauer sind Tore und Türme eingebaut. Rot, rot, rot.
Hereinspaziert!
Hereinspaziert!
Man kommt aber nicht durch jedes Tor hinein. Einige Tore sind mit dicken Steinen zugemauert. Doch Frau Kuschiwuschi weiß, wo es hineingeht.
»Statt seiner Mamuschka könnte heute Andruscha was erzählen«, meint Frau Kuschiwuschi. »Er hat alles über Kreml gerade in Schule gelernt.«
Aber das Söhnchen kann Millie nichts erzählen. Sie würde ihn ja nicht verstehen, und Andruscha verdreht auch schon die Augen, als seine Mamuschka ihm das auf Russisch vorschlägt.

Ach, sie hat doch nur Spaß gemacht.
Na schön.
Frau Kuschiwuschi muss jetzt über den Krümel berichten, aber nicht zu lang, bitte schön.
»Wir gehen durch Borowizki-Tor«, erklärt Frau Kuschiwuschi. »Borowizki kommt von Wald mit Nadeln. Wie heißt Wald mit Nadeln?«
»Kiefernwald«, schlägt Mama vor.
Richtig. Der Boro-Witz-Turm heißt so, weil vor achthundert Jahren hier auf dem Hügel ein Kiefernwäldchen gestanden hat.
»Fürst Juri gefiel der Platz«, sagt Frau Kuschiwuschi. »Er baute aus Holz von Baum eine Festung.«
Und aus vielen Bäumen die Mauer drum herum.
»Festung hieß Moskau«, fährt Frau Kuschiwuschi fort. »Juri lud seinen Freund Swjatoslaw zum großen Essen ein. Wie heißt großes Essen? Festes Maus?«
»Festschmaus«, sagt Mama und lacht sich schief.
Millie lacht auch, aber sie hat noch nie was von einem Schmausfest gehört.
»Ja, Festschmaus«, verbessert sich Frau Kuschiwuschi. »Wir haben heute Nachmittag Festschmaus für Babuschka. Große Freude, wenn ihr mitkommt.«

Och nee.
»Och ja«, sagt Mama aber schon.
Na, das wird ja was werden. Schmausfest mit Andruscha!
Oje, oje.
»Bei Feier mit Juri gab es Honig, Fisch und Fleisch von Hirsch. Es war kräftiges Mahl, und niemand hat gedacht, dass Moskau einmal Hauptstadt von großem, großem Reich sein wird, von ganz Russland.«
Millie hebt ihre Hand hoch.
»Ja, Millietschka?«
Ach, Millie ist ja nicht in der Schule. Sie hätte sich gar nicht zu melden brauchen.
»Aber die Mauer ist doch aus Stein und nicht aus Holz«, wendet sie ein.
Alles gelogen?
»Du passt gut mit Ohren auf«, sagt Frau Kuschiwuschi.
Na klar. Was hat denn Andruschas Mamuschka gedacht?
»Es gab viel Krieg damals«, sagt Frau Kuschiwuschi. »Holz ging kaputt und man machte Mauer aus Stein. Das war über zweihundert Jahre später. Und Stein war weiß angemalt. Moskau hieß dann Stadt aus weißem Stein.«
»Und wann wurde sie rot?«
»Moment noch, Millie.«

Ja, aber mach schnell, Frau Kuschiwuschi, denn vom Rumstehen und Zuhören kriegt man vielleicht doch noch kalte Füße. Andruscha trampelt bereits von einem Fuß auf den anderen, und die Klappen von der Kappka hat er auch schon über seine Segelohren gezogen.
»Moskau war damals größer als London und Paris. Moskau war Kopf von Städte. Oder wie soll man sagen?«
»Haupt aller Städte«, schlägt Mama vor.
»Ja«, bestätigt Frau Kuschiwuschi. »War Hauptsache. Im fünfzehnten Jahrhundert dann herrschte Iwan der Dritte. Da war Mauer schon rot.«
»Ist das Iwan der Schreckliche gewesen?«, will Mama wissen.
»Nein«, sagt Frau Kuschiwuschi. »Der Schreckliche ist vierter Iwan. Ich werde noch von ihm erzählen.«
Oh ja. Das wird bestimmt eine tolle Geschichte sein, auch wenn sie schrecklich ist.
Als Millie jetzt durch den Boro-Witz-Turm den Krümel betritt, kann sie nur staunen. Der Krümel ist gar kein Krümel, sondern ein riesiger Kuchen. Eine Geburtstagstorte. Weiße Schlagsahne, gelbe Vanillesoße und goldene Liebesperlen als Dekoration.
Boah.

Aha, in den prunkvollen Häusern aus Vanillesoße wohnt jetzt kein Zar mehr, sondern der Präsident, der heute das Sagen hat. Vor den Präsidenten-Häusern steht ein Soldat mit einem Knüppel in der Hand. Mit dem wirbelt er herum, wenn ein Lastwagen in den Hof fährt, um das Essen für den Präsidenten zu bringen. Rechtsherum, bitte.

»Astaroschna, Millietschka!«, sagt Frau Kuschiwuschi. »Wir dürfen nur auf Bürgersteig gehen, sonst kommt Soldat.«

»Und was dann?«, möchte Millie wissen. Sie grinst in Andruschas Richtung.
Frau Kuschiwuschi zuckt mit einer Schulter.
Das Söhnchen schaut seine Mama neugierig an. Er möchte wohl zu gern erfahren, was Millie sie eben gefragt hat.
Seine Mamuschka erklärt es ihm. Andruscha schaut ziemlich entsetzt auf Millie.
Ja, soll er doch. Er sieht ja furchtbar brav aus. Aber ein bisschen frech ist doch nicht so schlimm. Oder?
Sie probiert jedoch nicht aus, was passiert, wenn sie den Knüppelsoldaten ärgert. Am Ende wird sie tatsächlich noch verhaftet. Lieber hört sie den Geschichten zu, die Frau Kuschiwuschi nun von den Zaren erzählt. Damit sie Trudel davon berichten kann.
Hat Millie das richtig verstanden? Iwan der Schreckliche war fast noch ein Baby, als sein Vater starb. Er war etwa so alt wie Trudel. Und als seine Mutter starb, war Iwan fast acht Jahre alt. Ungefähr so alt wie Millie.
Iwan hat gerne gelesen. Und oft weinte er, weil er so alleine war, obwohl er viele Diener hatte.
Mit siebzehn Jahren ließ er sich zum Zaren krönen. Er war der Erste, der sich Zar nannte, vorher waren die Herrscher Großfürsten.

Zar Iwan war ein richtiger Lümmel, bis er Anastasia heiratete, die schön und sanft und liebreizend wie Schneewittchen war. Da wurde er sehr nett und sorgte gut für das russische Volk. Das dauerte aber nur zehn Jahre, dann starb auch Anastasia.
Nach ihrem Tod wurde Zar Iwan der Schreckliche. Er prügelte sogar sein Söhnchen zu Tode. Nur im Märchen gehen die Dinge gut aus.
Mama will sich alles aufschreiben, was Frau Kuschiwuschi erzählt. Trotz der eisigen Kälte macht sie sich Notizen für ihren Artikel. Aber jetzt funktioniert ihr Kugelschreiber nicht mehr.
»Gib mal her«, sagt Millie und fügt schnell noch »bitte« hinzu. Sie versucht, auf Mamas Schreibblock rumzukritzeln. Nix zu sehen.
Komisch, dabei hat Mama heute Morgen extra eine neue Mine in den Stift gesteckt.
Millie sagt: »Der ist wohl zugefroren wie die Mostquappe.«
»Kann passieren«, sagt Frau Kuschiwuschi.
Und warum friert Millies Nase nicht ein? Die tropft und tropft **in einer Tour**. Auch Mamas Nase läuft. Sie nimmt das Taschentuch schon gar nicht mehr aus ihrem Gesicht. Millie zieht lieber hoch!

»Besser, wir gehen jetzt in Kathedrale«, sagt Frau Kuschiwuschi und lacht.
Oh ja, bitte, bitte. In der Kirche wird es hoffentlich wärmer sein als hier draußen.
Mama trödelt herum, weil sie **alles** fotografieren muss, wenn sie schon nichts aufschreiben kann. Frau Kuschiwuschi bleibt an ihrer Seite.
Millie geht schon mal vor. Andruscha macht ein paar Schritte in die gleiche Richtung. Ach, das traut er sich? Millie blickt sich um, aber in diesem Moment ist Andruscha schon stehen geblieben.
»Njet«, sagt er mit Nachdruck.
Nein? Wieso *nein*?
Ja! Was heißt denn das noch mal auf Russisch?
»Da!«, sagt Millie. »Da! Da! Da!«, und tigert los.
Die Wege im Krümel sind freigeschaufelt. Man muss nicht herumeiern und aufpassen, dass man nicht auf die Schnute fällt. Außerdem sind an so einem kalten Tag kaum Leute hier. Ist ja auch blöd, bei Minus-Minus den Krümel zu besichtigen.
Nach wenigen Schritten kommt Millie an einer großen Glocke vorbei. Die steht auf einem hohen Sockel auf der Erde. Wieso hängt sie denn nicht im Glockenturm?

Millie schleicht sich von hinten an die riesige Glocke ran. Vielleicht ist sie zu groß, um aufgehängt zu werden. Vielleicht macht sie aber auch kein Dingdong. Das müsste man mal ausprobieren!
Aber wie?
Millie kann nicht an die Glocke reichen. Selbst wenn sie hochspringt, kommt sie nicht heran. Gibt es hier nicht irgendwo ein Steinchen, mit dem sie plingpleng machen kann?
Nee. Alles ganz sauber gefegt. Bis auf die Schneehügel an den Rändern der Bürgersteige.
Mensch. Das ist doch die Idee!
Millie bückt sich und formt einen dicken, festen Schneeball.
Astaroschna!
Patsch.
Das hat ja nach gar nichts geklungen. Höchstens, als hätte eine Maus die Glocke angetippt.
Zweiter Schneeball.
Da guckste, was, Andruscha?
Das Söhnchen ist näher gekommen. Mama und Frau Kuschiwuschi werden auch nicht mehr weit weg sein.
Andruscha hält sich erschrocken die Hand vor den Mund.

Angsthase,
Pfeffernase,
morgen kommt der Osterhase!
Jetzt aber mit Karacho, Millietschka!
Wumm.
Plungplang.
Das war auch nicht viel besser, aber – oha – von dahinten kommt der Knüppelsoldat angelaufen. Er macht große Schritte. Will er Millie nun verhaften?
Nur, wenn er sie zu fassen kriegt!
Millie haut lieber ab. Sie saust um die Glocke herum und wird sich einfach ganz brav vorne hinstellen.
Wenn der Soldat mit dem Wirbelstock in ihre Nähe kommt, nimmt sie wieder Reißaus. Dann können sie um die Glocke herumlaufen.
Fang mich doch, du Eierloch.
Mal sehen, wer gewinnt!
Doch als Millie vor der Glocke steht, bekommt sie einen gehörigen Schrecken. Die Glocke ist nämlich kaputtgegangen.
Von dem bisschen Plingplengplungplang? Das kann ja wohl nicht wahr sein!
Millie weiß nicht, wohin sie schauen soll, auf die kaputte

Glocke oder auf den Knüppelsoldaten. Oder auf den sprachlosen Andruscha. Gell, der hätte sich das nicht getraut. Er schaut Millie mit strengen Augen an.
Was guckt der denn so blöd?
Ist er etwa Iwan der Schreckliche? Oder heißt er Zar Nikolaus? Nee, höchstens Zar Mickymaus.
Jetzt ist aber schon Frau Kuschiwuschi an Millies Seite.

»Astaroschna!«, sagt der Soldat und wirbelt den Knüppel zweimal links- und zweimal rechtsherum.
Frau Kuschiwuschi hebt entschuldigend beide Hände in die Höhe, *nitschewo,* und Millie ist gerettet.
Ach, Millie hat die Glocke gar nicht kaputt gemacht. Die ist nämlich schon seit über zweihundertfünfzig Jahren **demoliert**.
Frau Kuschiwuschi erzählt Millietschka die Geschichte vom Glockenturm ohne Glocke.
Noch heute kann man im Krümel Iwan den Großen sehen. Der ist jedoch kein Zar, sondern ein Glockenturm. Für diesen riesigen Turm wurde die Glocke gegossen, eine so große, so schwere, wie es sie auf der ganzen Welt nicht gibt.
Bevor aber die Glocke aufgehängt werden konnte, gab es ein Feuer und die Glocke stürzte vom Gerüst und bekam Risse. Und schließlich ist ein riesiges Stück rausgefallen. Das liegt nun hier vor der Glocke auf dem Bürgersteig. Und Millie ist **unschuldig** an der Sache. So ist das!
Und da sind endlich die Kathedralen, die wie aus Schlagsahne gemacht aussehen. Drei von ihnen stehen nebeneinander auf einem Platz.
Alle Kathedralen haben goldene Zwiebelchen auf den

Türmen, es gibt welche mit drei, fünf oder sogar neun Kuppeln. Die Zwiebelchen sehen ein bisschen aus wie leuchtende Flammen, als ob auf den Kirchtürmen brennende Kerzen stehen würden. Millie wird ganz **warm ums Herz**. Und so richtig warm wird ihr, als sie ganz nah bei Mama in der Kathedrale steht.
Die Kirche gehört Michael.
»Erzengel Michael«, sagt Frau Kuschiwuschi. Sie kann *Michael* nicht richtig aussprechen. Oder doch. Es ist ja Russisch. Da muss man *Michael* mit einem Kloß im Hals aussprechen. Millie müsste das mal üben.
Andruscha hat sich an seine Mamuschka gelehnt. Er legt den Kopf in den Nacken. Dabei fällt ihm die Kappka vom Kopf.
Millie nimmt mit Erstaunen wahr, dass seine Segelohren ohne die Fellmütze gar nicht so sehr abstehen. Aber groß sind sie doch und irgendwie durchscheinend, rosa. Sie muss immer hinsehen, aber sie ist ja nicht hier, um sich die Segelohren von Andruscha anzuschauen. Sie muss doch die Kathedrale betrachten.
Die Kirche ist atemberaubend schön. **Prächtig, prächtiger, am prächtigsten.** So was hat Millie noch nie gesehen. Sie legt den Kopf auch weit in den Nacken, denn

die Pracht hört und hört nicht auf. Kein Wunder, dass Andruscha die Mütze vom Kopf gefallen ist. Die Wände der Kirche sind nämlich vom Boden bis zur Decke voller Malerbilder. Bis in den Himmel hinein.

Tausend, hunderttausend oder sogar Millionen Bilder hängen dicht an dicht an den Wänden. Man könnte nicht mal eine Briefmarke dazwischenquetschen.

Und was ist auf den Bildern zu sehen?

Alle Leute aus der Bibel, zum Beispiel Maria und Josef und so, dann noch sämtliche Großfürsten und Zaren und die Heiligen, Sankt Martin und Sankt Nikolaus. Auch der Erzengel Michael.

Gold, Gold, Gold.

»Das sind kostbare Ikonen«, flüstert Mama. »So heißen die Bilder.«

Aha.

In der Kirche von Michael stehen die Särge der toten Zaren, auch der von Iwan dem Schrecklichen. Millie will sich gar nicht vorstellen, wie der jetzt wohl aussehen mag. Nach Hunderten von Jahren. Wahrscheinlich sieht er aus wie eine Mumie im Museum.

Zum Glück ist in der nächsten Kathedrale Schluss mit den Särgen. In der Himmelsfahrts-Kirche wurden die Fürsten

zum Zaren gekrönt. Und da steht auch der Thron von dem schrecklichen Iwan.
Nicht nur Iwan der Schreckliche ist fürchterlich gewesen. Auch sein Thron ist **abgrundtief** hässlich. Die Füße stellen nämlich wilde Hunde dar oder Monster oder sogar … den Teufel.
Jetzt aber schnell raus.
Halt!
Plötzlich singt ein Engelschor. Nanu?
Millie dreht sich um.
Fünf Engel stehen vor der goldenen Ikonenwand und singen mit Orgelstimmen. Wenn sie nicht so wunderbar singen würden, dann hätte Millie gedacht, es wären ganz normale Leute, ein Mann wie ein mächtiger Bär, eine dicke Frau, eine dünne Frau mit Brille, eine mit Kopftuch und noch ein Mann mit dichtem schwarzem Bart. Aber weil sie so himmlisch schön singen, müssen es Engel sein. Millie wird ganz feierlich zumute. Sie muss einmal laut seufzen.
»Alles in Ordnung, Millie?«, fragt Mama.
»Da«, sagt Millie. Ja.
»Ach, Millietschka«, sagt Frau Kuschiwuschi und streicht ihr über den Kopf. »Magst du Gesang? Möchtest du Kassette haben?«

Ach, dann sind es wohl doch keine Engel, wenn es die himmlische Musik hier auf CD zu kaufen gibt. Aber so hat Millie wenigstens schon ein Andenken an Moskau. Vorne auf der CD ist die Kathedrale zu sehen. Und auf der Rückseite steht in Korallenschrift, welche Engelslieder die fünf eben gesungen haben. Frau Kuschiwuschi muss übersetzen. Ein Engelslied ist sogar von Tschatschakowski komponiert, das ist ja eine Überraschung.
Mit warmem Kopf, warmen Füßen und warmem Herzen lässt es sich besser draußen marschieren. Vorbei an dem Knüppelsoldaten, der ihr vorhin einen Moment lang richtig Angst eingejagt hat. Jetzt läuft Millie ganz brav an ihm auf dem Gehweg vorbei. Lalalalala. Soll sie ihm mal *Hallo* sagen? Warum denn nicht?
»Bratwurst«, sagt sie und dreht sich im Vorbeigehen nach ihm um.
»Millie!«, ruft Mama mit entsetztem Gesicht. »Du kannst doch die Leute hier nicht beschimpfen!«
»Hab ich ja nicht. Ich habe nur *Hallo* gesagt. Auf Russisch, Mami.«
Frau Kuschiwuschi sagt: »*Hallo* auf Russisch heißt *sdrastwujdsche.*«
Siehste, Mama: Bratwurst!

Falken und Pinguine

Nach dem Spaziergang durch den Krümel braucht man eine Pause. Mindestens ein Päuschen. Frau Kuschiwuschi führt sie deshalb auf die andere Seite des Roten Platzes in ein Kaufhaus-Café. Sie und Mama trinken Kaffee. Für Millie und Andruscha gibt es heiße Schokolade. In Ordnung.

Fast alles in Moskau ist riesig, das Kaufhaus natürlich auch. Es ist ziemlich schnörkelig und hat tausend Schwipp-Schwipp-Schwipp-Bogenfenster. Innendrin sieht es ein bisschen aus wie Venedig. Wegen der Brücken, über die man von einer Einkaufs-Galerie zur anderen laufen kann. Das Kaufhaus hat einen lustigen Namen: GUM. GUM wie GUMMI.

»Willst du wissen, wie lang das Kaufhaus ist, Millietschka?«

Nee, will Millie gar nicht wissen.

Na, dann wird Frau Kuschiwuschi das auch nicht erzählen. Sie hat kapiert, dass sie Millie damit nur langweilen würde. Sie ist nett. Deswegen darf sie Millie auch

Millietschka nennen, obwohl sie nicht ihre Mamuschka oder ihre Babuschka ist.
Im Café vom Gummi-Kaufhaus kann man Handschuhe und Mütze ablegen. Es ist warm genug.
Da sich Andruscha gegenüber von Millie hingesetzt hat, kann sie ihn jetzt genau anschauen. Seine dunklen Haare. Rechts trägt er einen ordentlichen Scheitel. Oder ist das links? Von Millie aus gesehen ist der Scheitel jedenfalls rechts. Rechts ist, wo der Daumen links ist, klaro.
Hey, jetzt hat Andruscha sogar einen Schnurrbart, nämlich einen aus Kakao. Das sieht vielleicht doof aus. Millie wischt sich vorsichtshalber mit dem Handrücken über den Mund. Falls sie auch so doof aussieht.
Mama hat den Kugelschreiber rausgeholt. Sie bittet Frau Kuschiwuschi, das russische Wort für *Strickheft* zu notieren. Wegen Tante Gertrud!
Hups, der Kugelschreiber schreibt ja wieder! Ihm ist wohl auch warm ums Herz geworden.
»Gib mal her, Mami!«
Ja, ja: Bitte, Mami.
Millie trägt schnell ihren Bericht ins Tagebuch ein. Das hat Mama nämlich auch immer dabei.

Millies vierter Eintrag:
Hallo, Trudelchen,
sobald wir draußen sind, läuft die Nase. Soll ich dir was von Iwan erzählen? Iwan ist schrecklich.
Die Kälte auf dem Thermometer geht immer weiter runter.
Moskau ist nichts für dich, also keine Heulerei, bitte.

Während Millie schreibt, renkt sich Andruscha fast den Hals aus, so neugierig ist er. Er wird aber sowieso nichts lesen können. Ist ja nicht Korallisch.
Frau Kuschiwuschi kritzelt anschließend zwei Wörter auf einen Zettel. Das soll ein Mensch entziffern?
Na ja, soll wohl Strickheft heißen. Was aber wäre, wenn Frau Kuschiwuschi sich einen Spaß erlaubt und gerade *Hustensaft* oder *Autoreifen* aufgeschrieben hat?
Obwohl Mama die Wörter auch nicht lesen kann, sagt sie: »Danke schön«, und verstaut den Zettel in ihrer Manteltasche.
»Spassibo«, korrigiert Frau Kuschiwuschi. »Spassibo heißt *danke schön.*«
Spatzenklo. Aber das hat Mama eigentlich schon gewusst. Sie hat sich nur nicht getraut, sich auf Russisch zu bedanken.

Und dann heißt es wieder: Mütze auf den Kopf, Handschuhe anziehen und ab in die Kälte. Denn Moskau sieht man nur draußen.
Zum Glück hat Frau Kuschiwuschi den Schnurrbart von Zar Mickymaus noch rechtzeitig entdeckt. Millie hätte sich ja sonst schrecklich geschämt, mit Andruscha in der Stadt rumzulaufen.
Die Mamuschka zieht ein Taschentuch raus, das Söhnchen muss draufspucken, dann wischt Frau Kuschiwuschi mit dem nassen Tuch über Andruschas Oberlippe. Millie sieht, dass es ihm peinlich ist. Sie wäre vor Verlegenheit sogar in den Boden gesunken. Er ist ja auch kein Baby mehr.
Frau Kuschiwuschi erklärt den Roten Platz jetzt im Schnelldurchlauf, denn bald findet das Schmausfest von Babuschka statt. Rasch erzählt sie, was hier auf dem Roten Platz oder an der Krümel-Mauer noch bemerkenswert ist.
Das gigantische Grabmal zum Beispiel, das Mausoleum heißt. In dem Mäuselehm-Haus liegt jemand begraben, der auch mal das Sagen hatte.
Noch sehenswerter ist der Spasski-Turm mit seiner weltberühmten, riesengroßen Uhr.
»Schau mal hoch, Millietschka. Siehst du rote Sterne auf Türme leuchten? Alles aus Edelstein, nennt man Rubine.«

Ooohhh. Leuchtende, rote Weihnachtssterne!
»Kannst du denken, dass Sterne größer sind als Menschen?«
Nö, das glaubt Millie erst mal nicht. Es wird aber wohl stimmen. Denn warum sollte Frau Kuschiwuschi Millie **verkohlen**?
Die Zeit drängt. Deshalb können sie auch nicht mehr die Schatzkammer vom Krümel besichtigen. Da stehen endlos lange Schlangen vor dem Eingang. Die goldenen Zarenkronen, die Diamanten und die echten Ostereier für die Zarenfrau muss Millie ein anderes Mal besichtigen. Sogar der Trinkbecher von Fürst Juri, der das Schmausfest mit Fisch und Honig veranstaltet hat, ist hier zu sehen.
Auf dem Weg fort vom Roten Platz, vor den Doppeltürmen, sind große Vögel angekettet.
Kurz mal anhalten.
»Sind das Adler, Mami?«
»Das sind berühmte Falken vom Kreml«, sagt Frau Kuschiwuschi statt Mama.
Wieso sind die berühmt?
»Ach ja«, stimmt Mama zu. »Darüber haben wir mal einen Fernsehfilm gesehen, Millie. Erinnerst du dich?«
Nee. Oder doch?

»Der mit den Krähen und den Tauben?« Jetzt ist es Millie eingefallen.
»Richtig. Und wo eine Krähe … du weißt schon …«
»Es war eine Taube, Mami. Die hat auf einen Politiker gekackt.«
»Millie!«
»Taubenvögelchen machen Schmutz«, sagt Frau Kuschiwuschi.
Na, das hat Millie doch gemeint. Sie kann sich nur nicht so fein ausdrücken. Will sie ja auch gar nicht.
»Und Krähvögelchen kratzen Farbe von goldene Turmzwiebel«, fährt Frau Kuschiwuschi fort. »Soll nicht sein, und Falkenvögelchen jagen andere Vögelchen.«
Die Tauben und Krähen tun Millie leid. Aber auch die angeketteten Falken. Ob sie ihnen mal einen Finger hinhalten soll? Ist das gefährlich? Och, sie hat doch Handschuhe an. Vorsichtshalber wickelt sie noch ihren Schal drum herum. Dann nähert sie sich mit ausgestreckter Hand dem Vogel.
»Millie!«
Manno. Sie kann heute aber auch gar nichts ausprobieren.
»Ich will das Falkenvögelchen ja nur mal streicheln.«
»Kannst du großen Schnabel nicht sehen, Millietschka? Wenn Falkenvögelchen schnappt, ist Finger kaputt!«

Und warum spricht Frau Kuschiwuschi so nett von ihnen, wenn der Falke so gefährlich ist? Sind in Russland denn alle Vögel Vögelchen? Alle Tiger vielleicht Tigerchen und alle Räuber Räuberchen? Wird wohl so sein. Aus Millie ist ja auch Millietschka geworden.
Der Falke hat wirklich einen gefährlich aussehenden Hakenschnabel. Das muss Millie zugeben. Aber bis der Vogel sich gerührt hat, ist ihre Hand doch schon längst auf dem **Rückzug**. Millie ist doch nicht dumm.
Aber sie ist **ungehorsam**.
Millimeter für Millimeter schiebt sie ihre Hand vorwärts. Wenn der Falke jetzt zuschnappen sollte, kriegt er sowieso nur den Schal zu fassen. Lila-grün und rot-petrol.
Der Vogel greift Millie nicht an. Andruscha zieht Millies Hand mit einem Ruck weg.
Manno!
»Astaroschna! Astaroschna!«
Nanu? Ist das nun nett von Andruscha oder ist er doch bloß ein Schisshase? Millie will das gar nicht wissen.
»Bitte nach hinten schauen«, fordert Frau Kuschiwuschi sie auf.
Was gibt's denn da?
Wau! Millie hätte nicht gedacht, dass es noch schönere

Gotteshäuser als die Schlagsahnenkirchen vom Krümel gibt. Aber die Kathedrale am anderen Ende des Roten Platzes kriegt den ersten Preis.

Mama staunt auch. »Wunderbar! Die berühmte Basilius-Kathedrale.«

Frau Kuschiwuschi nickt erfreut. Sie braucht nichts mehr zu sagen, man muss einfach nur gucken und gucken.

Mann, ist die Basikuss-Kirche schön! Sie ist bunt und ihre Zwiebelchen sind gestreifte Eiscreme-Hütchen, grün-gelb, blau-weiß, rot-blau, gold-rot. Die Türmchen sind unterschiedlich groß und dick. Millie kann sie nicht alle zählen, weil sie die Basikuss-Kathedrale nur von vorne sieht. Von hinten scheinen weitere kleine goldene Spitzen durch.

Gigantomanisch.

»Wenn man bedenkt, dass die Kirche schon so alt ist …«, sagt Mama ehrfurchtsvoll. »Ich glaube, sie ist im sechzehnten Jahrhundert von Iwan dem Vierten gebaut worden.«

Der Vierte? Ist das nicht schon wieder der Schreckliche?

»Ja, war Iwan der Schreckliche. Hat Kathedrale nach Sieg über Mongolen erbaut. Er ließ Baumeistern Augen rausreißen. Nicht wieder sollten sie Schöneres errichten.«

Schluss endlich mit Iwan! Es reicht!

Wo geht's jetzt hin?

Zu Babuschka.
Dafür müssen sie den Roten Platz noch einmal überqueren.
Vorbei an einer Eisbahn.
Eisbahn?
»Mami!«
Eine Eisbahn! Das ist doch was für Kinder!
Auf die Außenwand von der Eisbahn sind bunte Bilder gemalt. Märchengeschichten. Wie der Fuchs den Hahn klaut oder wie die Hexe ein Mädchen einsperrt.
Mama fotografiert die Bilder. »Das ist bestimmt die Geschichte von der Hexe Baba Jaga.«
»Erzähl mal, Mami.«
»Nee, Schätzchen, heute Abend gehen wir ins Puppentheater. Da führen sie bestimmt ein Stück über Baba Jaga auf.«
Heute Abend? Und was ist mit dem Schmausfest bei Babuschka? Werden sie denn beides heute noch schaffen? Du meine Güte! Millie will sich aber trotzdem schon mal auf Baba Jaga freuen.
Sie versucht, über die Absperrung auf die Eisbahn zu schauen. Sie stellt sich auf Zehenspitzen! Zu klein, um hinüberzugucken. Aber beim Eingang kann man hineinlinsen.

Drinnen auf der Eisbahn laufen Leute Schlittschuh!
»Mami!«
»Ich seh schon«, meint Mama. »Aber wenn wir hier stehen bleiben und zuschauen, dann frieren wir noch fest. Außerdem müssen wir zu Babuschka.«
Und Millie möchte Schlittschuh laufen. Unbedingt.
»Bitte, Mami, bitte.«
»Du kannst doch gar nicht Schlittschuh laufen, Millie.«
Na und? Noch kann sie nicht Schlittschuh laufen. Noch nicht. Das kann sich aber ändern. Sie wollte schon immer Schlittschuh laufen lernen. Und hier ist das ganz einfach. Es gibt nämlich Eis-Pinguine, an denen man sich festhalten und mitlaufen kann, so lange, bis es richtig klappt.
»Bitte, Mami, bitte.«
Der Eintritt kostet nur ein paar Rubbelchen. Das ist nicht das Problem. Das Problem ist, dass man keine Schlittschuhe ausleihen kann. Aber Millie könnte doch mit ihren Moonboots und einem Pinguin aufs Eis gehen! Und so tun, als ob. Als ob sie Schlittschuh laufen würde. Das würde schon Spaß machen.
Und könnte der Mickymaus-Zar nicht auch mal ein bisschen jammern? Kann Andruscha seine Mama nicht auch mal nerven?

Nee.
Na, macht nichts. Millie hat Mama schon rumgekriegt.
Der Pinguin auf der Eisbahn ist aus Pappe oder aus Plastik. Er sieht aber aus wie echt und reicht Millie bis zu den Schultern. Vorne hat der Eis-Pinguin Bauch und Fußlatschen, mit denen er über das Eis schlittert. Hinten hat er einen Haltegriff. An dem halten sich die Kinder, die noch nicht Schlittschuh laufen können, fest.
Man muss den Pinguin anschieben. Dann aber saust er los, hast-du-nicht-gesehen. Das Eis ist mordsglatt, glatter als auf den Bürgersteigen von Moskau. Millie weiß einen Moment lang nicht, ob sie mit dem Pinguin über das Eis fegen und auf die Nase fallen oder ob sie sofort loslassen und auf den Popo knallen soll.
Millie überlegt noch, was zu tun ist. Mit einer Hand umklammert sie den Haltegriff und mit der anderen Hand umarmt sie den Eis-Pinguin von hinten. Dann kommt die Kurve. Der Pinguin ist so blöd, dass er die Kurve nicht kommen sieht. Muss Millie jetzt auch noch für ihn lenken? Aber da ist es schon passiert. Der Pinguin kracht voll gegen die Abgrenzung und Millie mit der Nase gegen seinen Rücken. Es spielt keine Rolle, ob er aus Pappe oder aus Plastik ist, das tut gleich weh.

Aua, aua.
Der Eis-Pinguin wird durch den Stoß auf die Holzwand zurückgeworfen und dreht sich um sich selbst. Und erst dann fliegt Millie voll auf den A…, auf den Popo.
Da liegt sie nun und ist völlig durcheinander. Muss gucken, wo Mama bleibt. Der Eis-Pinguin jedenfalls ist weitergeschlingert und findet von selbst dahin zurück, wo er hergekommen ist.
»Hast du dir was getan, Schätzchen?« Mama beugt sich über die Holzabsperrung.
Frau Kuschiwuschi schaut auch erschrocken auf Millie herab. Nur Andruscha kann Millie nicht sehen, weil er nicht groß genug und sowieso eine Mickymaus ist. Gut so.
»Ist Schlimmes passiert?«, fragt Frau Kuschiwuschi.
»Nitschewo«, sagt Millie.
Nix ist passiert. Sie rutscht auf dem Popo zur Seite und hangelt sich an der Holzwand hoch und Schrittchen für Schrittchen zum Eingang zurück.
Aber weshalb ist die Holzabgrenzung der Eisbahn an der Innenseite lila, und warum steht überall *Milka* drauf? Heißt *Schokolade* auf Russisch etwa *Milka*? Wird schon stimmen. *Cola* heißt auf Russisch ja auch *Cola*.

Babuschka

Zeit für Babuschkas Schmausfest. **Allerhöchste Eisenbahn.**
Schnell in die U-Bahn. Dreimal müssen sie umsteigen. Mit Frau Kuschiwuschi gibt es kein Problem mit BOX und BIX und PEX.
Millie hat gedacht, die Geburtstagsfeier findet zu Hause statt.
»Zu kleine Wohnung«, sagt Frau Kuschiwuschi. »Wir gehen in Restaurant. Da ist Festschmaus mit Musik.«
Es sind viele Leute im Restaurant. Alles Gäste von Babuschka.
So viele Mützen! So viele Kappkas! Und die vielen Pelzmäntel! Wolf und Fuchs und Bär.
Armer Bär. Armer, armer Bär.
Im Restaurant braucht man die warmen Sachen nicht. Der Garderobenständer bricht unter der Last der Pelzmäntel bestimmt noch zusammen. Die Mäntel, die nicht mehr draufpassen, werden über einen Tisch und ein paar Stühle in der Ecke gelegt. Ein Riesenberg aus Fell.

Die Geburtstagsgesellschaft sitzt an einem endlos langen Tisch, auf dem Tischdecke an Tischdecke ausgebreitet ist, dicht an dicht, so wie die Ikonenbilder in der Michael-Kirche.
Babuschka sitzt ganz hinten am schmalen Ende. Hoffentlich muss man ihr nicht gratulieren. Das würde Millie nicht so gerne machen. Es wäre ihr peinlich. Von so was bekommt sie bloß Bauchschmerzen.
Sie darf neben Mama sitzen. Ihr gegenüber hockt Andruscha an der Seite seiner Mamuschka. Alle anderen Leute sind fremd. Und Millie kann niemanden und nichts verstehen. **Nicht ein einziges Wort.**
Die Babuschka sieht aus wie viele Omas. Ohne Pelzmantel und ohne Kappka könnte man denken, sie käme aus Berlin oder aus London oder aus Paris.
Babuschka trägt einen Geburtstagspullover. Weiß mit extra Löchern drin. Viele Löcher zusammen sollen eine Blume darstellen. In der Mitte der Blume ist Glitzerzeug angenäht.
Die Restaurantleute flitzen hin und her. Sie tragen Teller und Schüsseln auf. Sie gießen Wasser in Trinkgläser. Alle Erwachsenen prosten sich mit Wasser zu. Andruscha und Millie bekommen kein Wasser, sondern Orangensaft.

Warum trinken die großen Leute denn nur Wasser?
Mama beugt sich zu Millie hinüber. »Das ist Wodka«, flüstert sie. »Schnaps, Millie. Soviel ich weiß, heißt *Wodka* auf Russisch eigentlich *Wasser.*«
So sieht es auch aus. Es ist gemogeltes Wasser. Wodka-Wasser. Mama nippt nur dran.
Und ob man die rote Suppe, die jetzt vor Millie hingestellt wird, essen kann?
»Suppe heißt Soljanka«, erklärt Frau Kuschiwuschi. Weil die vielen Leute alle auf einmal schwätzen, muss sie fast schreien, damit Mama und Millie sie verstehen.
»Soljanka ist heiße Suppe mit Fleisch und Wurstchen.«
Würstchen, Frau Kuschiwuschi!
»Aufpassen, Millietschka, dass Mund nicht brennt.«
Ja, ja. Aber ehrlich gesagt fängt Millies Mund nach einer Weile doch an zu brennen. Weil die Soljanka nicht nur heiß, sondern auch noch scharf ist. **Feurig.**
»Und was ist das?« Millie zeigt auf das nächste Gericht, das aus lauter Klößchen besteht.
»Pelmeni«, sagt Andruscha.
Oh! Er spricht mit Millie!
»Und das?«
»Blintschiki.«

Aha, Pfannkuchen heißen auf Russisch also Blindschleiche.
»Und das?«
»Kascha-Seljanskaja«, sagt Andruscha.
Na, davon wird Millie nichts probieren. Hört sich komisch an. Sieht auch komisch aus.
Gibt es denn keinen Nachtisch?
»Doch, Millietschka«, sagt Frau Kuschiwuschi. »Es wird Wareniki mit sauer Kirsch geben und Kartoschka. Aber vorher wir müssen Babuschka gratulieren.«
Zur Gratulation kommt ein Musikmann mit Akkordeon. Er ist traurig angezogen, ganz in Schwarz. Dabei ist es doch eine lustige Geburtstagsfeier. Ein Schmausfest.
Der Musikmann setzt sich hinten in die Ecke. Er erzählt zuerst, was er spielen wird.
»Was mit Eifersucht«, sagt Frau Kuschiwuschi.
Aha. Was Eifersucht ist, kennt Millie. Nicht, dass sie eifersüchtig ist, aber ihr Freund, der Uhu, kriegt vor lauter Eifersucht auf Joko Magenschmerzen. Dabei mag Millie die Jungs gleich gern. Na ja, manchmal auch nicht. **Kommt darauf an.**
Weil der Musikmann jetzt die Ziehharmonika mit Eifersucht quält, können die Leute nicht mehr schwätzen. Das Akkordeon quietscht **mit Weh und Ach**. Aha, Eifer-

sucht macht nicht nur Magenschmerzen, sondern auch Ohrenschmerzen. Das ist ja nicht zum Aushalten.
Weil sich die Geburtstagsgesellschaft nicht mehr unterhalten kann, ist den Gästen wohl langweilig. Sie trinken mehr und mehr Wodka-Wasser. Auch Babuschka.
Astaroschna! Von Wodka-Wasser kann man besoffen werden!
Millie und Andruscha wollen noch mehr vom leckeren Orangensaft trinken. Frau Kuschiwuschi winkt die Restaurantfrau herbei und zeigt auf die leeren Gläser. Die werden schnell gefüllt.
Dann ist das Lied von der Eifersucht zu Ende und Frau Kuschiwuschi steht auf. Sie macht Andruscha ein Zeichen, sich ebenfalls zu erheben. Die Geburtstagsgäste sind still. Sie schauen Andruscha erwartungsvoll an. Wie schrecklich das für ihn sein muss. Bestimmt möchte er **im Boden versinken**. Er schaut verlegen auf den Tisch. Aber Mamuschka lässt nicht locker. Sie klopft ihm auf die Schulter und redet ihm gut zu. Da atmet er einmal tief ein und steht auf.
Er muss nun auf den Stuhl klettern. Dabei guckt er niemanden an. Alles ist ihm furchtbar peinlich. Millie weiß genau, wie er sich fühlt. Total bescheuert.

Was passiert jetzt? Warum steht er auf dem Stuhl?
Frau Kuschiwuschi hat sich inzwischen wieder hingesetzt.
Sie nickt Andruscha aufmunternd zu.
Da beginnt er.
Andruscha singt. Er sieht an allen vorbei und singt ein Lied, das aber auch nicht besonders fröhlich ist. Babuschka wischt sich sogar die Tränen aus den Augen.
Mensch, das ist doch eine Geburtstagsfeier! Lustig, lustig, trallalalala.
Nach dem ersten Lied gibt es Applaus für Andruscha.
Millie klatscht nicht. Das findet sie doof und sie hofft, dass gleich Schluss mit der Vorstellung ist.
Aber der arme Andruscha ist noch nicht erlöst. Er muss noch mal singen und noch mal und noch mal.
In der Singpause erheben alle ihr Wodka-Wasser-Glas und prosten Babuschka zu: »Nasdarowje, nasdarowje!«
Prosit! Auf dein Wohl! Lass es dir gut gehen! Lass es dir schmecken!
Dann singt Andruscha ein Lied, das sogar Millie kennt, aber nicht auf Russisch.
»Hörst du das?« Mama lächelt Millie zu. »Das ist *Happy Birthday to you*. Kennst du auch, Millie: *Zum Geburtstag viel Glück.*«

Weiß Millie doch. Andruscha singt *Häppi Böffdi* auf Russisch. Ist das denn die Möglichkeit?
Und es ist ein Lied, bei dem man einfach mitsingen muss.
Häppi Böffdi tuju, häppi Böffdi tuju, häppi Böffdi, liebe Babuschka, häppi Böffdi tuju.
Das wird auf der ganzen Welt gesungen, so wie man auf der ganzen Welt weiß, was Cola ist.
Weil jetzt die gesamte Geburtstagsgesellschaft mitsingt, ist Andruscha erlöst. Er schaut Millie erleichtert an. Ja, Mann, Millie kann ihn sehr gut verstehen.
Prost. Nasdarowje.
Nasdarowje geht auch mit Orangensaft.
Dann spielt der Musikmann wieder seine traurigen Lieder, zu denen sich Millie Geschichten ausdenkt. Die Geschichte vom armen Waisenkind, das nichts als sein Schnuffeltuch hat. Die Geschichte vom Clown, der Lebewohl sagen muss. Und die Geschichte von dem kleinen Mädchen, das sich mit dem kleinen Jungen nicht unterhalten kann, weil sie verschiedene Sprachen sprechen. Das ist auch traurig.
Am Schluss, als der Musikmann sein Akkordeon einpackt, ist die ganze Geburtstagsgesellschaft traurig.
Oje, oje.

Baba Jaga

Für heute Abend müsste sich Millie eigentlich schön anziehen. Es soll doch ins Puppentheater gehen.
Nach der Geburtstagsfeier fahren Mama und Millie erst einmal zurück ins Hotel. Frau Kuschiwuschi hat genau erklärt, wann und wie sie die BOX und die BIX in der Metpopo nehmen müssen.
Haben sie noch Zeit für das Tagebuch? Es ist seit dem letzten Eintrag doch einiges passiert, das Millie ihrer Schwester berichten will.

Millies fünfter Eintrag ins Tagebuch:
Liebes Trudelchen, ich bin auf der Eisbahn hingeknallt. Nix passiert.
Wir hatten einen Oma-Geburtstag in Moskau. Zwei leere Flaschen Wasser lagen unter dem Tisch. Die waren mitgebracht. Der Kellner hat darüber gelacht. Ich weiß nicht, warum. Das Wasser war Schnapswasser.
Mama hat bei der Zeitungsfrau ein Strickheft bekommen. Die Zeitungsfrau konnte den Zettel von Frau Kuschiwuschi lesen.

Korallisch.
Von Mamas Nase sind Tropfen auf das Heft gefallen. Bitte nicht Tante Gertrud sagen.

So. Und was zieht Millie fürs Puppentheater an?
Samtkleid oder Spitzenrock?
Nee.
Besitzt Millie ja gar nicht. Und bei der Kälte tragen sowieso alle lange Unterhosen, dicke Strümpfe, warme Socken. Millie behält sogar ihre Mond-Stiefel an. Deswegen wird sie ja wohl keiner rausschmeißen.
Wie kommt man denn hin zum Puppentheater?
Mama beugt sich schon wieder über den Plan mit den Metro-Linien. Sie fährt mit dem Finger die Route ab.
»Aha«, sagt sie. »Das Puppentheater liegt genau neben dem Puppenmuseum. Aha.«
Heißt das, Mama weiß Bescheid?
Na, Mama?
»Ja, gut«, sagt sie. »Das werden wir schon finden.«
Na hoffentlich. Es ist schon dunkel geworden. Man muss die Fahrt mit der Metpopo auswendig lernen, bevor es losgeht.
Millie studiert auch schnell die Karte, auf der die bunten

Linien der Metro eingezeichnet sind. Das Hotel, in dem Mama und Millie wohnen, befindet sich ganz in der Nähe der gelben Linie, das ist schon mal klar.
»Also, Mami, erst runter bis *Tüppitappi*, dann rüber zu *Unktipupa*, umsteigen, bis *Naseohr*, dann weiß ich nicht mehr weiter, Mami.«
Es könnte sein, dass sie dann noch bis *Teepraki* müssen und über *Hexidackel* zu *Lissitor* gelangen.
»Kein Schwein kann das lesen«, murmelt Mama.
»Ach, weißt du, Mami, merk dir das doch in Kurz, *Tüppi, Pupa, Hexi* und *Lissi*. Dann klappt das schon.«
»Ich weiß nicht«, sagt Mama **kleinlaut**.
Mamas dürfen nicht hilflos sein. Das geht auf keinen Fall.
»Also los«, sagt Mama.
Vom Hotel aus müssen sie erst die Unterführung der breiten Straße durchqueren und geradeaus zur U-Bahn-Station wieder hochlaufen.
Und da sind die Wölfe.
Sie stehen auf dem obersten Treppenabsatz, es sind sechs oder sieben Stück.
Zuerst bellen sie wie verrückt, wie blöde Hunde, dann heulen sie.
Huhuuu, huhuuu.

Millie greift nach Mamas Hand.
»Hast du Angst?«, fragt Mama.
»Die Wölfe«, flüstert Millie.
»Quatsch«, sagt Mama. »Hier gibt es keine Wölfe.«
Doch. Millie hört sie nicht nur. In diesem Moment kann man sie auch ganz deutlich sehen. Den Rachen zum Wauwau geöffnet, bauwau, bauwau, wuffwuff, wuffwuff. Kkkrrr, kkkrrr. Sie **fletschen die Zähne**. Und zwei der Viecher haben den Kopf hoch erhoben und heulen den Mond an.
»Ich glaube nicht, dass es Wölfe sind, Millie«, sagt Mama. »Es sind einfach herrenlose Hunde, wilde Hunde.«
Hat Mama denn noch nie gehört, dass Wölfe wilde Hunde sind? Das ist alles ein und dieselbe Familie.
Mama macht noch einen Schritt und noch einen. Millie bleibt hinter ihr in Deckung. Und in diesem Moment stieben die Wölfe auseinander, die Hälfte fegt linksherum und die andere Hälfte saust nach rechts. Sie umkreisen die U-Bahn-Station.
Erst mal sind sie weg. Mama und Millie flitzen in die Metro-Station und drängen sich durch das Drehkreuz. Hierhin werden ihnen die Wölfe nicht folgen können. Sie haben ja gar keine Fahrkarten!

Runter in den Metpopo-Palast und bis zur *Tüppitappi* fahren.
Geschafft.
Aber Mama hat vergessen, wie es weitergeht. Sie muss in den Plan schauen. Millie hebt sich auf die Zehenspitzen und guckt auch auf die Metro-Linien. Und guckt und guckt.
Na, Mama? Was meinst du?
Da schaut ein Mann über Mamas Schulter. Er sieht ebenfalls auf den Plan. Weiß er nicht, wohin er fahren muss? Oder will er etwa helfen?
Mama zeigt mit dem Finger auf die Stationen.
Sie sagt: »Wir müssen zum Obrastsowa-Puppentheater.«
Mama kann zwar so ein schwieriges Wort wie Opas-Sofa aussprechen, aber der Rest ist nicht Russisch gewesen. Der Mann wird Mama nicht verstanden haben.
Millie schaut ihn von der Seite an. Er hat ein nettes Gesicht und sieht eigentlich nicht aus wie ein Räuber. Er sieht aus wie … Das fällt Millie gerade nicht ein.
Er trägt eine feine Kappka. Seine Augen folgen Mamas Finger. Er wiegt den Kopf hin und her.
Was Mama sich für heute Abend vorgenommen hat, ist ganz schön schwer, nicht wahr?

Plötzlich sagt er: »Komm mit.«
Hat Millie richtig gehört? *Komm mit?* Das ist nicht Russisch.
Mama ist auch ganz verdutzt. Was sollen sie tun?
Oha, oha, oha.
Ist er **der Retter in der Not**?
Mama geht mit, und Millie geht auch mit. Aber nur, weil Mama bei ihr ist. Sonst würde sie das **nie im Leben** tun.
Der Mann, der so aussieht wie …, läuft ziemlich rasch durch das Gedränge auf dem Bahnsteig.
Mama und Millie sausen schnell hinterher, aber trotzdem verlieren sie den Mann. Und da vorne steht eine U-Bahn abfahrbereit.
Ist das der richtige Zug? Sollen sie einsteigen?
Nee. Der Retter in der Not kommt schon wieder **flink wie ein Wiesel** von der anderen Seite angerannt.
»Komm mit«, wiederholt er.
Er kann wohl nur diese zwei Wörter, aber das reicht. Er begleitet sie tatsächlich bis zum richtigen Zug.
Mama ruft: »Danke, danke.«
Spatzenklo, Mama, Spatzenklo!
»Ach ja«, sagt Mama und ruft: »Spassibo, spassibo.«
Der Mann lächelt leise. Er ist wunderbar. Ein wahrer Retter in der Not.

Dann ist er wie von Zauberhand im Gedränge verschwunden. An wen hat er Millie bloß erinnert?
»Na, das ist noch mal gut gegangen«, sagt Mama.
Und da ist ja auch schon die *Hexi*-Station und gleich darauf die von *Lissi*.
Schon wieder haben sie eine breite Straße zu überqueren. Und keine Fußgängerampel in Sicht. Untendurch!
Vor dem Puppentheater wartet bereits Frau Kuschiwuschi. Sie hat sich Sorgen gemacht.
»Ich hatte Angst, ihr seid gekommen in Hände von wilde Gesellen. Oder wie sagt man? Räuberchen?«
»Räuber«, verbessert Mama.
Ach, hat Frau Morgenroth an Räuber gedacht, als sie zu Hause von den wilden Gesellen gesprochen hat? Das muss Millie sie fragen, wenn sie zurück sind.
Da Andruscha wie selbstverständlich heute Abend auch dabei ist, gewöhnt Millie sich langsam an das Söhnchen.
Bei der Quetschfrau vom Puppentheater müssen sie nicht anstehen, denn Frau Kuschiwuschi hat die Karten schon längst vorbestellt. Es ist **brechend voll** und sie müssen vor dem Eingang zum Saal Schlange stehen. Millie hat Zeit, sich die Plakate der Puppenbühne anzuschauen. Obwohl sie die Korallenschrift nicht lesen kann – nur

Koximoxitanktenkmo –, glaubt sie, einige Theaterstücke an den Bildern auf den Plakaten zu erkennen:

Der gestiefelte Kater

Die Mumins

Kleiner Bär und kleiner Tiger

Eine Aufführung heißt sicherlich:

Der Hase reitet auf dem Fuchs durch Tag und Nacht.

Na, dann mal rein.

Millie und Andruscha werden auf ihren Sitzen im Theatersaal von Mama und Mamuschka eingerahmt. Und es geht auch schon los. Durch den Schlitz im Vorhang kommt ein Mann mit grüner Jogginghose und gelbem Hemd auf die

Bühne geschlichen. Die Kinder lachen über ihn. Auch über das, was er sagt. Wahrscheinlich erzählt er Witze.
Der Witzmann grinst nämlich die ganze Zeit über. Jetzt führt er die ausgestreckten Hände vor seinem Bauch Millimeter für Millimeter zusammen. Das bedeutet, dass die Zuschauer zusammenrücken sollen.
Noch näher?
Da sitzt Millie ja gleich auf Andruschas Schoß. Manno.
Die Kinder im Puppentheater sind sehr lieb. Sie rücken zusammen. Sie treten und hauen sich nicht. Sie poltern auch nicht mit ihren Füßen gegen die Sitze der Vorderreihe.
Die Kinder in Moskau sind **wohlerzogen**.
Es ist mucksmäuschenstill.
Der Vorhang geht auf.
Was ist zu sehen?
Zwei Häuser, ein Vornewald und ein Hinterwald.
Dann kommt die Hexe Baba Jaga. Millie erkennt sie sofort, weil Hexen überall auf der Welt gleich aussehen. Auch die russische Hexe hat eine Hakennase.
Die Hexe Baba Jaga taucht nur kurz auf. Sie rennt durch den Vornewald und lacht hämisch, bevor sie im Hinterwald verschwindet.
Millie muss sich sehr anstrengen, um die Geschichte, die

jetzt im Puppentheater gespielt wird, zu verstehen. Das ist nicht einfach, wenn man die Sprache nicht versteht.
Sie denkt sich also **ihr Teil**.
Da ist ein Mann, dann noch eine Frau und ein Kind. Es sind natürlich Puppen, weil es ja ein Puppentheater ist. Das Kind ist ein Mädchen. Also spielen ein Vater, eine Mutter und die Tochter die Hauptrollen.
Die Frau jammert. Ihr tut was weh. Sie hält sich die Hände vor den Bauch und läuft hin und her.
Der Mann will ihr helfen. Er stellt einen Stuhl hin. Sie soll sich setzen. *Prissaschywajssja paschalussta*. Nimm doch bitte Platz.
Plötzlich fällt die Frau tot um. Oje, oje.
Der Mann und das Mädchen weinen bitterlich. Aber schnell ist eine neue Frau da. Die Stiefmutter.
Millie weiß schon, dass die Sache nicht gut ausgeht, denn im Märchen gibt es keine guten Stiefmütter. Aber bis es so weit ist, muss Millie noch ausharren. Sie ruschelt ungeduldig auf dem Sitz hin und her.
Andruscha stößt sie mit dem Ellbogen an. Millie stöhnt. Sie versucht, über Andruscha hinweg Mama ein Zeichen zu geben, dass ihr langweilig ist. Aber Mama schaut sie nicht an. Wie doof.

Das Mädchen bekommt von der Frau Haue. Das hat Millie doch geahnt.
Jetzt rennt das Mädchen fort in den Wald.
An dieser Stelle fällt ein Kind im Publikum vom Stuhl. Alle schauen sich um. Das Kind rappelt sich auf und setzt sich leise hin. Alle Kinder blicken wieder nach vorne.
Na, wenigstens ist was passiert.
Das Mädchen im Wald ist auch stehen geblieben und hat gewartet, bis das Kind im Publikum wieder Platz genommen hat.
Wie hat das Mädchen denn sehen können, dass was im Saal passiert ist? Es ist doch nur eine Puppe!
Millie rätselt noch herum, da tauchen auf der Bühne bissige Hunde auf. Puppenhunde.
»Astaroschna!«, brüllen die Kinder.
Grässliche Katzen fauchen.
»Astaroschna!«
Und jetzt kommen wilde Stiere.
»Astaroschna!«
Aber es wird noch schlimmer.
Mit einem »Wumm!« ist die Hexe Baba Jaga wieder aufgetaucht.
»Astaroschna! Astaroschna! Astaroschna!«

Die Hexe säuft erst einmal Wasser aus einem Bach.
An dieser Stelle fummelt Andruscha **nervös** an seinen Schuhen herum. Er hat seine Beine angezogen. Seine Schuhe haben Klettverschlüsse.
Klettverschluss auf, ratsch. Klettverschluss zu, ratsch.
Mann, das nervt! Millie drückt ihm auch ihren Ellbogen in die Seite. Er guckt sie dumm an.
Guck du nur!
Aber dann macht er einfach weiter, ratsch, ratsch.
Seine Mamuschka greift über Millie hinweg und legt ihre Hand auf seinen Arm.
»Pschpsch.«
Da hört er auf. Seine Beine rutschen runter. Er verschränkt die Arme vor der Brust und ist beleidigt. So wie Millie manchmal auch beleidigt ist.
Und hat sie jetzt wegen Andruscha was von Baba Jaga verpasst?
Nee. Baba Jaga hat lange, lange viel Wasser gesoffen. Dann ist sie geplatzt.
Das Mädchen läuft zurück durch den Wald. Der Vater kommt ihr entgegen und umarmt und küsst seine Tochter.
Er setzt ihr was zu essen vor. *Kuschaj nasdarowje!*
Dann nimmt er einen Besen und haut der Stiefmutter was

über den Dez. Alle Kinder jubeln. Die Geschichte ist also doch gut ausgegangen.
Applaus!
Die Kinder im Saal singen noch ein Lied. Das kennt wohl jeder hier, auch Andruscha mit den Segelohren, der Witzmann auf der Bühne und Frau Kuschiwuschi.
Millie kennt es nicht. Es ist nämlich nicht *Häppi Böffdi tuju*.
Aber die Melodie ist einfach.
Und weil Millie kein Russisch kann, singt sie ihren eigenen Text: *Eins, zwei, drei, Käsebrei*.
Wird schon passen.

Zar Mickymaus

Heute durften Mama und Millie etwas länger schlafen und ganz in Ruhe frühstücken. Erst dann machen sie sich auf den Weg zu Frau Kuschiwuschi. Dort sollen sie zu Mittag essen.
»Anschließend fahren wir zum Gorkipark«, sagt Mama.
Da haben sie aber wieder einiges vor. Zuerst Andruscha mit den Segelohren und dann noch den Gurkenpark.
Bevor es wieder raus in den russischen Winter geht, kann Millie noch schnell aufschreiben, was nach ihrem letzten Eintrag passiert ist.

Millies sechster Eintrag in das Tagebuch für Trudel:
Meine liebe Trudel,
in der Metpopo musste ich fast weinen. Nur fast. Sonst hätte Mama Angst bekommen. Das war wegen dem Mann, der aussieht wie Kevin. Kevin aus Kevin allein zu Haus. Er war der Retter in der Not.
Im Puppentheater singen die Leute. Und am Schluss ist die Hexe geplatzt.

Nun aber los. Da sie das Haus von Frau Kuschiwuschi **nie im Leben** alleine finden würden, hat Mama ein Taxi bestellt. Sie hält dem Taxifahrer einen Zettel vor die Nase. Auf dem steht in Korallisch die Adresse drauf und ein Gruß von Frau Kuschiwuschi, damit er nicht zu viele Rubbelchen für die Tour verlangt.

Die Fahrt führt durch ganz Moskau hindurch. Am Himmel hängen schwere Schneewolken, deswegen weiß Millie nicht, ob sie nach Norden oder etwa nach Süden fahren. Wenn die Sonne scheinen würde, könnte sie vielleicht die Himmelsrichtung erkennen. Das haben sie in der Schule gelernt.

Wenn man denkt, Moskau hört irgendwann auf, dann hat man sich geirrt. Die Fahrt mit dem Auto dauert und dauert. Und erst nach einer Ewigkeit kommen die Häuser, in denen die meisten Leute wohnen, die tagsüber mit ihren Kappkas durch Moskau marschieren. Es sind sehr große und sehr breite Häuser. Und es sind sehr viele Häuser. Ein Meer von Häusern. Ein **Häusermeer**.

Die Gebäude sehen fast alle gleich aus. Kann man da überhaupt die eigene Wohnung wiederfinden, wenn man aus der Schule kommt? Das könnte Millie von Andruscha erfahren, aber sie kann ihn ja leider nicht fragen.

Na, hoffentlich hat der Taxifahrer auch vor dem richtigen Haus gehalten.
Das Haus ist matschgelb und mindestens zehn Stockwerke hoch und fünfzig Stockwerke breit. Es hat zum Glück einen Fahrstuhl.
Oben – achter, neunter oder zehnter Stock – wartet schon Frau Kuschiwuschi. Sie hat Suppe gekocht.
»Soljanka?«, will Millie wissen.
»Gut, Millie«, lobt Frau Kuschiwuschi. »Du hast Name von Suppe behalten.«
Wo ist denn Andruscha, Zar Mickymaus?
Erst als das Essen auf dem Tisch steht, kommt er aus seinem Zimmer. Er hatte sich dort verkrochen.
Die Suppe ist heiß, nicht nur feurig. Aus den Schüsseln steigen Dampfwolken auf.
Millie müsste die Suppe schlürfen. Oder erst mal pusten. Aber schlürfen darf man nur, wenn man alleine ist, und man pustet nur für Babys. Oder für Trudelchen.
Es macht aber nichts, dass die Suppe noch viel zu heiß ist, denn vorher sollen sie Piroschki essen, kleine Teigkuchen mit was drin, das man nicht sehen kann.
Ist was Blödes drin? Etwas, das Millie nicht mag?
»Drinnen ist, was gesund ist«, sagt Frau Kuschiwuschi.

Ja, Fisch soll auch gesund sein, doch Millie mag keinen Fisch. Das als Beispiel.
»Piroschki haben Fleischkrümel und Zwiebelchen und kleines Ei gehackt.«
Dann ist ja gut, dann kann Millie auch Piroschki essen. Die schmecken oke, und die Soljanka-Suppe ist schließlich auch abgekühlt, sodass Millie gar nicht schlürfen oder pusten muss.
Nach dem Essen schlägt Frau Kuschiwuschi vor, dass beide Kinder in Andruschas Zimmer spielen. Sie will Millies Mamuschka **in Ruhe** bei dem Artikel helfen, den Mama schreiben soll. Und sie muss ihr was über tote Dichter erzählen, für die Russland und besonders auch Moskau berühmt sind.
»Ja«, sagt Frau Kuschiwuschi und zählt die Namen auf: »Tolstoi, Puschkin, Pasternak und Dostojewskij.«
Damit soll Mama sich mal beschäftigen. Millie interessiert sich nicht für Toll-Toll oder Pastor-Nackig.
Lieber spielen gehen.
Das Zimmer von Andruscha ist ja fürchterlich! Es ist winzig klein, aber bis unter die Decke vollgestopft mit Sachen.
»Spielzeug gibt es im Djetskij Mir«, sagt Frau Kuschiwuschi und erklärt, dass das ein großes Kinder-Kaufhaus

in Moskau ist. Djetskij heißt Kinder, und Mir kann vieles bedeuten, Frieden zum Beispiel und sogar Welt.
Man bekommt in der Kinderwelt alles, was das Herz begehrt.
Hat Millie das Kaufhaus schon auf ihren Spaziergängen durch Moskau gesehen?
»Das ist großes Haus nahe Bolschoi-Theater«, sagt Frau Kuschiwuschi. »An der Wand sind zu sehen Schokoladenkinder aus *Roter Oktober*.«
Roter Oktober, was ist das denn schon wieder?
Eine Schokoladenfabrik.
Sehr, sehr interessant!
In der Kinderwelt, im Djetskij Mir, würde Millie auch gern mal einkaufen.
»Ja«, sagt Frau Kuschiwuschi. »Kinderaugen leuchten. Es gibt sogar Karussell im Djetskij Mir. Karussell mit Lämpchen und mit Glitzerchen.«
Oh ja!
In Andruschas Zimmer sieht es auch fast aus wie in der Kinderwelt. Regale bis unter die Decke. Und überall Autos, Autos, Autos. Gelbe Laster, rote Trucks, blaue Eisenbahnwaggons. Das hat er bestimmt alles von Babuschka bekommen.

Aber er hat nicht eine einzige Matschpuppe!
Schade.
Andruscha besitzt sogar ein Kinderhaus aus weißen Steinen, mit rotem Dach und blauen Fensterläden. Und mit gelbem Vorgarten! Das Haus ist so groß, dass zwei Personen drin hocken können.
Könnten!
Andruscha kriecht alleine rein und kommt nicht mehr heraus. Tür zu. Peng. Benimmt sich wie Zar Mickymaus!
Und was soll Millie jetzt anfangen? Wenn er nicht mal eine Matschpuppe zum Auseinandernehmen hat? Soll sie nur die doofen Autos angucken?
Es bleibt ihr wohl nichts anderes übrig. Wenn Andruscha nicht mit ihr spricht! Geht ja auch gar nicht. Es ist blöd, dass sie nicht dieselbe Sprache sprechen.
Millie stellt sich vor das Regal, das fast genauso aussieht wie das Haus, in dem Andruscha wohnt. Zehn Stockwerke hoch und fünfzig Stockwerke breit.
Das ist ein bisschen gelogen.
Millie zählt die Regalböden, die an die Wand montiert sind.
Dann tippt sie vorsichtig einen der gelben Laster an. Sie sieht sich um.

Andruscha hat einen der blauen Fensterläden geöffnet und beobachtet sie misstrauisch von seinem Spielhaus aus. Soll er doch. Denkt er etwa, dass Millie Dummheiten machen würde?

Nee. Hat sie gar nicht vor.

Um an die roten Trucks zu kommen, muss Millie sich auf die Zehenspitzen stellen. Das ist vielleicht eine wackelige Angelegenheit!

Andruscha hat die Eingangstür vom Spielhaus geöffnet und den Kopf herausgestreckt. Wenn Zar Mickymaus mit Millie spielen will, dann muss er schon ganz aus seinem Palast rauskommen.

Millie reckt sich. Millie streckt sich. Sie möchte bis ganz nach oben an die blauen Eisenbahnwaggons reichen. Es nützt aber wenig, dass sie sich sogar auf Zehenspitzen stellt. Sie muss sich an ein Regalbrett klammern, damit sie nicht auf die Schnute fällt.

Da brüllt Andruscha schon: »Astaroschna! Astaroschna!«, und krabbelt **in Windeseile** aus dem Spielhaus.

Zu spät!

Der Regalboden, an dem sich Millie nur ganz leicht festhalten wollte, kippt.

Und alles geht ganz schnell.

Das Brett flutscht an einer Seite aus der Halterung und stößt auf die darunter abgestellten roten Trucks. Die blauen Waggons poltern hinab, der Regalboden rutscht ganz raus, fällt auf die Trucks, und dann kracht das ganze Brett nach unten. Klickerklickerklacker fallen sämtliche Regalböden und alle gelben, roten und blauen Autos und Laster und Waggons aufeinander und schließlich auf den Fußboden. Das ist fast wie bei Domino.

Eine Katastrophe.

Millie bleibt die Spucke weg, und Andruscha, der sich aufgerappelt hat, bleibt vor Schreck wie gelähmt stehen.

Frau Kuschiwuschi und Mama stürzen ins Zimmer.

Andruscha sagt nix. Er hat aber ganz wilde Augen und seine Ohren sind tiefrot angelaufen. Millie kann schon wieder nur auf diese Ohren schauen.

»Oh mein Gott«, entfährt es Mama.

Frau Kuschiwuschi nimmt Millie in den Arm.

»Keine Schuld, keine Schuld«, sagt sie. »Stöpsel fehlt und Brett ist Wackelei.«

Millie muss etwas lachen. Nicht wegen der Katastrophe, sondern über Frau Kuschiwuschi. Abwechselnd schnaubt sie durch die Nase und zieht sie wieder hoch, so sehr, dass ein bisschen Rotz rauf- und runterfährt.

Dann spricht Frau Kuschiwuschi mit ihrem Söhnchen. Zar Mickymaus ist schwer beleidigt. Er sieht schon wieder so aus wie Millie, wenn sie wütend ist, hat seine Arme vor der Brust verschränkt und schaut mit glänzenden Augen

irgendwohin, ganz weit weg und niemanden an. Der Glanz in seinen Augen … das könnten sogar Tränen sein.
Mama möchte, dass Millie beim Aufräumen hilft, aber Frau Kuschiwuschi sagt: »Njet.«
Sie sagt das sehr bestimmt und dreimal hintereinander. Da kann Andruscha so wild gucken, wie er will.
Dann hat Frau Kuschiwuschi Millie genug getröstet und ihr Söhnchen ist an der Reihe.
Huschiwuschikuschelmaus. Andruscha lässt sich die Umarmung von seiner Mamuschka eine ganze Zeit lang gern gefallen. Dann aber wehrt er sie ab. Er fängt an aufzuräumen.
Millie bückt sich, um freiwillig mitzumachen, aber Andruscha nuschelt: »Njet.«
Na, dann nicht. Aber wenigstens hat er wieder mal was zu ihr gesagt.
Frau Kuschiwuschi und Mama hängen die Regalbretter ein. Sie müssen einige Stöpsel, die aus den Löchern der Regalwände gefallen sind, lange suchen. Zwei bleiben verschwunden.
Na, **Prost Mahlzeit**. Die nächste Katastrophe kommt bestimmt.

Im Gurkenpark

Nach der Klickerklickerklacker-Katastrophe bei Andruscha wollen sie gleich zum Gurkenpark fahren. Schon auf der Straße rätselt Mama, wie sie dahin kommen sollen.
Frau Kuschiwuschi hat es doch erklärt, Mama! Doch Moskau bringt Mama ganz durcheinander.
»Lieber erst mal in die Stadt zurück«, überlegt sie, »und dann umsteigen. Hoffentlich gibt es eine U-Bahn-Station in der Nähe vom Gorkipark.«
Bestimmt. Es gibt ja tausend Metpopo-Stationen in Moskau.
Dschitt, dschitt, dschitt, schon sind sie in der Stadtmitte.
Ach ja, da liegt ja auch das Bescheuert-Theater.
Und gegenüber?
»Du meine Güte«, ruft Mama. »Das ist doch das bekannteste Hotel von Moskau. Wenn ich mich nicht irre. Das Hotel Metropol.«
Mama hat sich nicht geirrt.
»Wir schleichen uns mal rein«, schlägt Mama vor. »Früher haben sich hier die berühmtesten Leute getroffen und Tee

getrunken. Hoffentlich müssen wir uns nichts bestellen. Das würde viele Rubbelchen kosten.«

»Rubel, Mami!«

»Siehst du, Millie«, sagt Mama. »Das kommt davon. Du hast mich mit deinen Rubbelchen schon angesteckt.«

Ist doch gut! Ist doch lustig!

Mama und Millie schauen nicht rechts und nicht links, als sie das Hotel betreten. Sie tun so, als gehörten sie hierher. Deswegen lassen die Hotelleute sie auch in Ruhe. Man muss nur so tun, als ob.

Einmal durch die schöne Halle gehen.

Oh.

Einmal in den prachtvollen Tanzsaal gucken.

Ah.

Links vom Saal gibt es eine Trink-Bar mit dicken, fetten Ledersesseln.

Sag bloß, dass man da Platz nehmen darf?

Mama steuert eine Sitzecke an. Sie lässt sich in einen wuchtigen Sessel sinken.

Millie plumpst auch in so ein dickes, fettes Polster. Fast wird sie von ihm verschluckt.

Bevor Mama und Millie sich aber wieder herauswühlen können, ist schon ein Kellner da.

Oha. Darf man in den Sesseln nur sitzen, wenn man Rubbelchen bezahlt? Oder müssen sie jetzt wirklich was zu trinken bestellen? Eine Tasse Tee vielleicht?
Mama studiert erst mal die Karte. Der Kellner wartet auf die Bestellung und haut nicht ab. Zum Glück stehen die Getränke aber nicht nur auf Russisch drin. Mama kann lesen, was alles angeboten wird! Sie tippt mit dem Finger auf das, was sie ausgesucht hat.
Der Kellner nickt. Erst jetzt haut er ab.
Hoffentlich hat Mama auch das Richtige für Millie ausgesucht. Wird doch wohl kein Wodka-Wasser sein?
Nein. Der Kellner bringt eine Tasse Tee für Mama und einen Kakao für Millie. Sie braucht sich nicht einmal aus dem Sessel herauszuwurschteln, denn der Kellner stellt das Tablett mit der heißen Schokolade vor Millie auf die Sessellehne, bevor er wieder die Kurve kratzt.
Schlürf, schlürf. Ist ja niemand in der Nähe außer Mama. Lecker Kakao.
Mamas Tee riecht komisch, er sticht in der Nase. Mama meint, das Komische im Tee ist gut gegen die Kälte. Es riecht aber wie bittere Medizin!
Heiße Schokolade ist aber auch gut gegen die Kälte. Und so sind beide, Mama und Millie, sehr zufrieden.

Millie kann sogar noch einen Eintrag ins Tagebuch für Trudel erledigen. Dafür muss sie in dem ausladenden Sessel weit nach vorne rutschen, um an den Tisch zu reichen.

Siebter Eintrag ins Tagebuch:
Andruscha guckt manchmal ganz wütend. Er ist an letzter Stelle bei mir. Erste Stelle ist Kucki. Beste Freundin!
Aber er hat ein schönes Spielhaus mit Vorgarten.
Nord und Süd gibt es auch in Moskau, kann man aber ohne Sonne nicht erkennen. Du musst ein Taxi nehmen, Trudelchen.
Himmelsrichtungen gehen so: N-O-S-W. ***Nur Oksen saufen Wasser.***

Mama hat Millie über die Schulter gelinst.
Gibt's was zu meckern?
Ja.
»Millie, du sollst nicht schlecht über Andrej reden. Und außerdem: Ochsen schreibt man mit CH.«
Hach.
Na schön.
»Wie heißt das, Mami, wenn man am Schluss noch was sagen will?«
»Das letzte Wort behalten?«

Na, das will Millie manchmal schon. Meistens jedenfalls. Aber das hat sie nicht gemeint.
»Im Brief, Mami, wie heißt der Extrasatz am Schluss?«
»PS«, sagt Mama. »Wahrscheinlich meinst du PS.«
»Ja, Mami. Genau!«

Pee-Ess: Okse schreibt man mit Zee-Ha.

Fertig. Jetzt kann Mama das Schreibheft wieder in die Tasche stecken.
Weil ihnen beiden sehr schön warm geworden ist, darf Mama auch nicht meckern, als die Rechnung kommt.
Es sind wohl doch sehr viele Rubbelchen. Millie erkennt das daran, dass Mama dreimal sehr schnell hintereinander mit den Augen klimpert. Die Rechnung haut sie nämlich fast um.
Erledigt!
Sie schaffen es danach doch tatsächlich, die richtige U-Bahn zum Gurkenpark zu nehmen. Nur einmal umsteigen.
Aber dann! Linksrum, rechtsrum, geradeaus?
»Gorkipark?«, fragt Mama eine dicke Frau im Bärenpelz.
Die Bärenfrau versteht Mama und zeigt mit den Händen

nach links, dann eine Schlangenkurve, dort um die Ecke laufen und geradeaus. Die Straße noch überqueren.
»Gorkipark.« Die Frau nickt bestätigend mit dem Kopf.
Kann Mama das alles behalten?
Leise rieselt der Schnee. Flocken fallen auf Millies Wimpern. Und große Eisbrocken krachen von den Dächern auf die Straße. Lieber auf die andere Seite wechseln, bevor sie noch von einer Lawine erfasst werden.
»Hier rüber, Mama?«
Manno, das ist ja schon wieder so eine breite Straße.
Mama schaut und schaut.
»Ja«, sagt sie gedehnt. »Das da vorne müsste der Gorkipark sein.«
Richtig, Mama.
Die Beine in die Hand nehmen, losflitzen und sich auf die andere Straßenseite retten, bevor die Autos heranpreschen.
Am Eingang vor dem Gurkenpark steht ein riesengroßes Säulentor. Ein Wachmann lässt sie nicht durch. Man braucht eine Eintrittskarte. Zwei Eintrittskarten. Die bekommen sie bei einer Quetschfrau an der Seite vom Säulentor.
Während Mama die Karten besorgt, hat Millie Zeit, sich umzuschauen.

Auf dem Platz vor dem Eingang ist ein wunderbares Karussell aufgebaut, mit vielen, vielen bunten Pferdchen und einem herrlichen Reit-Elefanten.
Oh, ist das schön! Obwohl Millie eigentlich schon ein bisschen zu groß für ein Kinderkarussell ist, hätte sie Lust, damit eine Runde zu drehen. Aber niemand ist da, der das Karussell bedient. Wahrscheinlich ist es zu kalt. Oder zu früh am Nachmittag. Die Kinder sitzen noch beim Mittagessen. Oder sie müssen Schularbeiten machen. Oder sie hocken zu Hause über den Spielsachen, die ihnen Väterchen Frost oder die Babuschka geschenkt haben.
Mama und Millie stapfen allein durch den dicken, weichen Schnee. Die Achterbahn und das Riesenrad stehen still. Heute ist der Gurkenpark ein Geisterpark mit riesengroßen Pappmaschee-Räubern, die nichts zu tun haben. Sie warten auf böse Kinder, denen sie Angst einjagen können. Aber kein Kind ist zu sehen und Millie ist ja ein liebes Kind. Ätschibätschi.
Der Schnee knirscht unter den Moonboots. Weit und breit **keine Menschenseele**. Nur Millie und Mama hinterlassen ihre Spuren auf dem frisch gefallenen Schnee. Das Knirschen der Mond-Stiefel ist so laut, dass es in den Ohren wehtut.

Aber es macht auch Spaß, ganz alleine auf der Welt zu sein. Oder?
»Mami, hast du manchmal Sehnsucht nach Trudel?«
»Wie meinst du das, Millie? Meinst du, jetzt?«
»Na, weil Trudel so weit weg ist. Papa auch.«
»Ja sicher, Millie. Ich sehne mich schon ein wenig nach zu Hause.«
»Du hast ja mich.«
»Natürlich, Schätzchen. Aber wenn du nicht in meiner Nähe bist, habe ich auch Sehnsucht nach dir.«
»Mehr als nach Trudel? Oder mehr nach Trudel als nach mir?«
»Ich sehne mich nach euch allen gleich, mein Schatz.«
Heißt das, dass Mama auch Sehnsucht nach Papa hat?
»Ich sehne mich meistens nach dir«, sagt Millie.
Ist das etwa nicht oke?
»Das ist schon in Ordnung«, sagt Mama. »Das ist das Normalste auf der Welt.«
Dann ist ja gut. Dann braucht Millie kein schlechtes Gewissen gegenüber Papa zu haben. Und auch nicht gegenüber Trudelchen.
Ach, da drüben steht ja ein Mensch! Millie wird sofort aus ihren Gedanken gerissen.

Aber der Mensch ist nur eine splitternackte Denkmalsfrau, die Schwebebalken übt. Das sieht elegant aus, aber Millie fängt trotz Stiefeln und Mütze, Schal und Handschuhen schon **beim bloßen Anblick** der Skulptur an zu frieren.

Weiter geht es einen langen, eisglatten Weg entlang. An den Seiten sind meterhohe Schneeberge aufgetürmt. Wie auf Eiern gehen nützt auf dieser Rutschbahn fast gar nichts. Bei jedem Schritt wollen die Beine wegrutschen. Mama sieht mit ihren abgespreizten Armen auch schon aus wie die Schwebebalken-Frau. Das bringt Millie zum Lachen.

Aufpassen, Millie!

Sonst knallt sie noch hin.

Da hört sie ein Geräusch. Zuerst nur ein leises Summen wie von einer Biene, dann wird es ein Brummen wie von einem Bären. Jetzt grölt und dröhnt die ganze Luft. Das muss ein Monster sein!

Mama und Millie bleiben erschrocken stehen. Das Geräusch wird lauter und drohender. Und da kommt auch schon das Monster um die Ecke gebogen. Ein ungeheuer großes, dunkles, brüllendes Monster.

Was um Himmels willen ist denn das?

»Ein Schneeräumungsfahrzeug!«, ruft Mama. »Schnell. Wir müssen sehen, dass wir hier wegkommen. Ich glaube, wir laufen auf der Eisbahn.«
Das Monster kommt lärmend auf sie zu.
Mama packt Millie mit einer Hand. Sie schlittert zur Seite und zieht Millie mit sich. Mit einer Hand rudert sie in der Luft, um die Balance zu halten. Aber sie kommen nur langsam vorwärts. Das ist ja **wie in Zeitlupe**.
Hilfe! Hilfe!
Oje. Warum müssen sie denn ausgerechnet auf der Eisbahn laufen? Wie konnte das passieren? Ach ja, der Schnee, der Schnee! Man kann ja nichts darunter erkennen. Hoffentlich kann das Monster noch stoppen.
Unglücklicherweise kommen Mama und Millie nur **Millimeter für Millimeter** vorwärts.
Das Monster donnert heran. Hat es denn keine Bremsen?
Im letzten Moment schaffen es Mama und Millie, sich auf den Schneeberg an der Seite zu retten. Sie versuchen, hochzustapfen, aber die Mond-Stiefel sinken tief ein und es geht nur langsam, langsam bergan. Oben lassen sie sich auf die Schneemassen fallen. Dort ist es butterweich. Wie auf einem Federbett liegen Mama und Millie im Schnee und japsen nach Luft. Sie lachen sich an.

»Mann«, sagt Mama. »So ein großes Fahrzeug habe ich noch nie gesehen. Das Ding sieht ja aus wie ein Panzer.«
Davon müssen sie Papa und Trudel zu Hause erzählen. So was kann man ja gar nicht aufschreiben.
Und wo ist das Ungeheuer nun?
Das blöde Ding zieht einfach vorbei, wrumm, wrumm, als wäre gar nichts passiert. Millie zeigt ihm einen Vogel. Hoffentlich hat das Monster das auch gesehen.
Endlich können sich Mama und Millie aufrappeln. Mannomannomann, das hätte auch schiefgehen können.
Lieber hauen sie schnell ab. Der Gurkenpark ist viel zu gefährlich!
Aber noch bevor sie das Säulentor am Eingang erreicht haben, kommen die Wölfe.
Ach du Schreck.
Es sind drei, vier, nein: fünf oder mehr Wölfe. Ganz plötzlich sind sie aufgetaucht und lauern vor dem Ausgang. Schnee und Kälte machen ihnen gar nichts aus. Sie sitzen **seelenruhig** auf dem Hintern und warten ab.
Es sind gelbe, schwarze und braunbeige Wölfe. Sie sehen unterschiedlich aus, aber alle haben vier Pfoten und ein gefährliches Maul. Einer reißt es schon auf. Huah! Der tut grad so, als würde er nur gähnen, aber in Wirklichkeit …

Millie fasst nach Mamas Hand. Sie müssen jetzt beide sehr tapfer sein, nicht wahr, Mama?
Bis auf einen haben sich die Wölfe nun aufgerichtet. Sie pirschen sich von allen Seiten an. Mama und Millie sind umzingelt. Schon haben sich zwei Wölfe rechts hinter sie postiert. Der Rückweg ist versperrt. Und an den Seiten lauern die anderen.
Der Wolf, der vorne liegen geblieben ist, wartet ab. Es ist ein schwarzer Wolf. Seine Gefährten werden Mama und Millie schon zu ihm treiben. Dann sind sie **leichte Beute**.
Millies Herz klopft, rabumm, rabumm. Sie umklammert Mamas Hand so fest, dass ihre Finger schon wehtun.
Ihr Herz ist in die Hose gerutscht.
Schrittchen für Schrittchen schlurfen Mama und Millie vorwärts. Die Wölfe folgen.
Jetzt wird es eng.
Und enger.
Und der schwarze Wolf wartet.
Da stehen sie vor ihm. Er hebt den Kopf.
Was für süße Puschelohren er hat! Und dieses Schnäuzchen! Und die Biester, die von hinten ankommen … wie kuschelig die sind!

Einmal streicheln, Mama?
Ja! Und nun kommt sogar das gelbe Kerlchen von der Seite angehopst.
Kraul, kraul, kraul.
Wie süß der schwarze Wolf guckt. Zum Verlieben!
Millie kann sich gar nicht von ihnen trennen. Denn die Wölfe sind gar keine Wölfe. Es sind allerliebste, nette, arme, arme Hunde. Sie haben keinen Menschen auf der Welt.
Es gibt gar keine Wölfe in Moskau, Frau Morgenroth!
Schade, dass Mama und Millie den Gurkenpark jetzt verlassen müssen. Es schneit heftiger. Der Himmel ist schwer und grau. Bald wird der Schnee so dicht fallen, dass man **die Hand vor Augen** nicht mehr sehen kann.
Glücklicherweise finden sie bei dem Schneetreiben gleich neben dem Ausgang vom Gurkenpark ein Café, wo sie ein wenig verschnaufen können.
Mensch, ist das bunt hier!
An den Wänden hängen Teppiche mit schwarz-roten Ornamenten. Gewebte Tischdecken in Weiß-Gelb, Pink-Orange und Petrol-Lila liegen über den Tischen.
Petrol!
Auf den Sitzbänken sind viele Rückenkissen gestapelt, knallrot mit weißen, grünen, blauen und dunkelroten

Blumen. Millie weiß gar nicht, wohin sie vor lauter Farben und Mustern schauen soll. Aber es ist warm. Das ist die Hauptsache.
Mama bestellt Kaffee für sich und für Millie wieder eine heiße Schokolade.
Moskau ist klasse. In Moskau gibt es so viel süßen Kakao zu trinken, wie man will.
Jetzt, im warmen Raum, läuft Millies Nase mit einem Mal wie ein Wasserfall. Kriegt sie Schnupfen oder kommt es nur von der Kälte?
»Gib mir mal ein Taschentuch, Mami!«
Ach ja: »Bitte.«
Mama kramt in ihrer Tasche.
Das gibt es doch gar nicht! Mama hat vergessen, Taschentücher einzustecken.
Na prima.
»Hol dir doch Klopapier von der Toilette«, schlägt Mama vor und zeigt auf eine dunkelbraune Tür an der Seite.
Millie bleibt gar nichts anderes übrig.
Zum Glück gibt es hier auf der Toilette auch Klopapier. Aber was für welches! Das Papier ist so dünn, dass es fast nur aus Löchern besteht. Oje. Klopapier mit Löchern?
Wie gut, dass Millie nicht richtig aufs Klo muss. Für die

tropfende und fließende Nase rafft sie tausend Blätter zusammen.
Tausend Blätter Klopapier für eine kleine Nase!
Als Millie Mama wieder gegenübersitzt, wird der Kaffee gebracht. Und der duftende Kakao.
Hmhmhm.
Das Mädchen, das die Getränke vor sie hinstellt, sagt:
»Paschalussta.«
Das soll wahrscheinlich *bitte schön* heißen, aber es hört sich an wie *Spaß und lustig.*
Genau. Das passt. In der Wärme sitzen, heiße Schokolade trinken, mit einem Sahnehäubchen obendrauf … oh ja … bitte schön … das ist Spaß und lustig.

Wilde Gesellen

Stapf, stapf, stapf.

Es schneit nicht mehr, aber der Schnee liegt hoch und höher.

Millie hat wieder ihren Schal über Mund und Nase gewickelt, damit die Eisluft ihre Lungen nicht einfriert.

Jetzt stiefeln Mama und Millie vom Gurkenpark zurück über eine Brücke der Mostquappe. Sie laufen dorthin, wo die hohen Häuser von Moskau leuchten und die rubinroten Sterne. Dann kann man den Weg nicht verfehlen.

Hey! Millie hätte wirklich nicht gedacht, dass es in Moskau eine noch herrlichere Kirche gibt als die vom Roten Platz. Vor ihnen und wie vom Himmel herabgeschwebt taucht eine Glitzerblitzer-Kirche auf.

Mama hat ihre Handschuhe ausgezogen und blättert mit klammen Fingern im Reiseführer.

»Die Erlöser-Kathedrale«, sagt sie. »Ja, das muss sie sein. Sie wurde direkt an der Moskwa erbaut. Stell dir vor, Millie, sie wurde zweimal errichtet, weil die erste Kirche in die Luft gesprengt wurde. An die gleiche Stelle hat

man dann eine Badeanstalt gesetzt. Das war das größte Schwimmbad der Welt.«
Bei dem langen, kalten Winter in Russland ist das bestimmt nicht so praktisch gewesen, oder? Na ja, vielleicht für die dicken, fetten Männer, die auch bei Schnee und Eis als Nilpferde oder Walrösser in die Mostquappe steigen wollen.
Irgendwann hat man das Schwimmbad einfach wieder zugeschüttet und die neue Erlöser-Kirche aufgebaut. Schon von Weitem strahlt einen die Kirche an.
Weißer als weiß. Goldener als gold. Darüber der Winterhimmel. Es ist, als würden genau hier, und nur hier, Himmel und Erde zusammentreffen.
Innendrin ist die Erlöser-Kirche ein einziger Weihnachtsbaum. Überall strahlen Weihnachtskerzen, auch in den Kronleuchtern. Und das viele Gold und all die Edelsteine! Der Fußboden ist aus gesprenkeltem Marmor in allen Farben. Eine Frau mit Stöckelschuhen klappert über den Boden. Aber das stört keinen. Die Leute in der Kirche haben ganz friedliche Gesichter. Sie wollen beten. Einige von ihnen werfen sich dafür flach auf den Klapperfußboden, breiten die Arme aus und küssen den Boden. Andere greifen nach dünnen, gelben Weihnachtskerzen, die in einer

Kiste liegen. Sie zünden die Kerze an und stecken sie auf ein Bord, gefüllt mit Sand, wo schon Tausende von Kerzen stecken und sanft leuchten.
Millie würde sich eigentlich nicht auf den Boden werfen, höchstens wenn sie wütend ist, aber eine Kerze möchte sie schon gerne anzünden. Geht das?
Mama sagt: »Wenn man eine Kerze anzündet, schickt man damit einen Herzenswunsch zum Himmel.«

Einen Herzenswunsch?
»Ein Herzenswunsch ist etwas, das man sich dringend wünscht. Es ist ein Geheimnis zwischen den Menschen und dem lieben Gott.«
Hat Millie einen Herzenswunsch?
Darüber muss sie noch nachdenken. Deshalb würde sie lieber eine Kerze mit nach Hause nehmen und sich da was wünschen. Aber gilt das noch? Und wird der Herzenswunsch dann wirklich erfüllt?
Da Millie keine Ahnung hat, lässt sie das mit der Kerze sein. Vorläufig. Wenn ihr ein guter Herzenswunsch einfällt, wird sie ihn einfach Mama und Papa sagen.
Die gelben Kerzen krümeln. Wachstropfen fallen auf den Boden. Es gibt aber eine Pinselfrau, die kehrt alles auf und fegt den Klapperfußboden mit einem kleinen Pinsel wieder sauber.
In der Erlöser-Kirche kann man hinab in einen Ikonen-Keller gehen. Millie hat nicht vergessen, dass Ikonen heilige Bilder sind, die mit viel Gold gemalt werden. All das Gold, die tausend schimmernden Kerzen und die Wärme lullen Millie ein. Es ist so kuschelig hier, dass sie am liebsten schlafen würde. Aber das geht ja nicht. Kann man sich wenigstens mal hinsetzen und ausruhen?

Auch das wird nichts. Es gibt keine Stühle oder Bänke zum Hinsetzen.
Jetzt ist Gottesdienst. Vorne steht ein Pfarrer, der heißt aber nicht Pfarrer und auch nicht Pastor.
»Es ist der Patriarch«, flüstert Mama Millie zu.
Der Patriarch sieht so ähnlich aus wie Väterchen Frost, nur bunter und noch viel älter. Großväterchen Frost.
Die Leute hören dem Großvater zu. Er hat wohl Wichtiges zu sagen. Oder sie warten darauf, dass der Chor, der hinter dem Patriarchen aufgereiht ist, zu singen beginnt. Hunderte von Mönchen mit wirren schwarzen Bärten und dunklen Kutten stehen dort. Sind das die wilden Gesellen, von denen Frau Morgenroth gesprochen hat?
Mama sagt leise, dass so ein Gottesdienst mit reden, reden, reden oft zwei oder drei Stunden dauern kann. Das wären ja vier Schulstunden, Mensch! Und die ganze Zeit muss man im Stehen zuhören? Das ist doch schon schwer genug, wenn man dabei sitzen darf.
Es gibt aber auch was Gutes am Gottesdienst in einer russischen Kathedrale. Man darf nämlich einfach wieder rausgehen, wenn man die Nase voll hat. Wenn man genug gebetet oder genug Herzenswünsche in den Himmel geschickt hat. Oder wenn die Beine vom langen Stehen sehr

müde sind. Und wer geht, hat einen **glückseligen** Ausdruck auf dem Gesicht.
Aber da … an der Seite … ganz versteckt … Mama, siehst du die kleine, schmale Bank dort? Millies Füße würden sich so freuen.
Auf die Bank haben sich zwei Mamuschkas mit ihren Babys gehockt. Die Bank ist mit einem Kordelseil abgesperrt, aber Millie schlüpft dran vorbei und quetscht sich daneben, obwohl sie kein Baby und noch lange keine Mamuschka ist.
Mama möchte sich lieber weiter in der Kirche umschauen. »Kann ich dich einen Moment alleine lassen?«
In Ordnung. Millie wird nicht weglaufen. Sie lehnt ihren Kopf an die Marmorwand. Sie ist müde. Ihre Gedanken kommen und gehen.
Da hat sie eine Idee. Ihr ist ein Herzenswunsch eingefallen! Was soll sie jetzt damit machen?
Kerze anzünden.
Millie rutscht von der Bank. Sie schleicht sich tapp, tapp, tapp hinüber zu der Kiste mit den Weihnachtskerzen.
Oje, die Leute bezahlen Rubbelchen dafür, Scheine oder viele Münzen.
Millie hat keine Rubbelchen.

Und sie kann Mama nicht danach fragen und sagen, wofür sie die Rubbelchen braucht. Ein Herzenswunsch ist doch ein Geheimnis!

Millie muss überlegen.

Ah! Jetzt weiß sie die Lösung. Ist doch **logisch**. Die Kirche hilft doch allen Armen. Arm ist, wer kein Geld hat. Millie hat kein Geld. Deshalb wird die Kirche diesmal ihr helfen müssen.

Millie stellt sich auf die Zehenspitzen, greift in die Kiste und nimmt eine Kerze heraus. Damit geht sie zum Bord, zündet ihre Kerze an einer anderen brennenden Kerze an und steckt sie tief in den Sand. Dann schickt sie ihren Herzenswunsch zum Himmel.

Angekommen! Da ist sie ganz sicher. Und ihren Herzenswunsch braucht sie auch nicht zu verraten. Das ist ein Geheimnis zwischen dem lieben Gott und ihr. Und der liebe Gott wird ja wohl den Mund halten.

Dann hüpft Millie mit leichtem Herzen zurück auf die Bank. Mama wird sie gar nicht vermisst haben.

Plötzlich fängt die Kathedrale an zu tönen.

Engelsgesang!

Sind die Engel aus der Himmelfahrts-Kirche denn hierhergekommen? Der Bärenengel und der Kopftuchengel?

Nee.
Es müssen viel mehr Engel sein, denn die ganze Kirche ist voller Musik, von Wand zu Wand, vom Klapperfußboden bis an die Himmelsdecke tönt sie hinauf. Der Gesang ist so tief und dröhnend, dass er eigentlich nur aus den hundert Kehlen der wilden Gesellen da vorne beim Patriarchen kommen kann. Ein einziges gewaltiges Lied, das bestimmt bis in den Himmel hinauf zu hören ist. Der liebe Gott wird es auch **vernehmen** und sich freuen, dass endlich mal mit dem Gerede Schluss ist.
Jubel! Jubel! Jubel!
Mama kommt lächelnd zurück und hebt fragend die Augenbrauen, ob bei Millie alles in Ordnung ist.
Ja, Mama. Aber sie hat Hunger. Nur von heißer Schokolade wird man ja nicht satt.
Dann gehen sie um die Ecke und drängen sich an all den Leuten vorbei, die Großväterchen Frost zugehört haben oder ihm jetzt sogar die Hand küssen.
Der Gesang hat gerade aufgehört, und einer der wilden Gesellen mit langem Bart bückt sich und schiebt eine andere Platte in den CD-Player.
Wer hätte das gedacht, dass der dröhnende Mönchsgesang bloß gemogelt war? Wird das dem lieben Gott gefallen?

Schwarze Augen

Mama findet sich mittlerweile in Moskau gut zurecht. Das heißt, sie weiß, wo der Eingang von der Metpopo ist, BOX, und wo sich der Ausgang von der U-Bahn-Station befindet, BIX.

Treppe rauf, dann zur rechten Seite, dort ist das Café-Restaurant, das sie jetzt ansteuern und wo es vielleicht wieder eine scharfe Suppe geben wird. Ist auch Zeit. Millies Bauch **rumort** schon, so mächtig ist ihr Hunger.

Über der Tür zum Restaurant prangt der Name. Könnte *Pumuckl* heißen oder *Renn-du-zu-Fuß*, aber mit viel **Fantasie**.

Drinnen ist es ziemlich voll. Aber für Mama und Millie ist noch ein Plätzchen frei. Oje. Mitten im Raum! Da können ja alle Leute gucken und sich **ihren Teil denken**, wenn Millie beim Essen krümelt oder ihr was runterfällt. Da muss sie sich also **gut benehmen**.
Schon wartet die Kellnerin auf die Bestellung.
»Soljanka«, sagt Mama zu ihr und hebt zwei Finger hoch.
Ob die Kellnerin das versteht?
Nur Suppe essen ist nicht genug. Damit kann man sich ja bloß den Bauch anwärmen.
Mama zeigt mit dem Finger auf die Speisekarte.
Überraschung!
Im Nu bringt die Kellnerin die Suppe. Blöd, dass Suppe immer heiß ist und Millie nicht pusten soll. Das wäre **schlechtes Benehmen**. Also schaut sie sich erst einmal um.
Vorne steht eine Bühne mit einigen Musikinstrumenten drauf. Millie entdeckt sogar ein kleines Klavier. Auch ein Sänger ist da, der gerade Pause macht. Na, hoffentlich kennt er auch lustige Lieder. Sonst werden alle Leute im Restaurant traurig. Das hat Millie ja schon mal erlebt.
Die Suppe ist inzwischen ein wenig abgekühlt. Prima.
Und sie ist sehr lecker.

Das kann Millie **beurteilen**, weil sie sich mit Soljanka ja schon auskennt.
Die Kellnerin tischt noch gebackene Hühnchenschenkel und gebratene Kartoffeln auf. Was für ein Glück, dass Mama auf die richtige Stelle in der Speisekarte getippt hat.
Nun fängt der Sänger an zu singen. Er sieht dabei aus, als täte ihm was weh. Er macht ein ganz zerknittertes Gesicht. Oje, schon wieder traurige Musik. Zu dem traurigen Lied vom Sänger kann man sich was ausdenken. Vielleicht, dass die Vögel zwitschern, er aber von zu Hause fortmuss, Kuss und auf Wiedersehen.
Nach dem ersten traurigen Lied kommt ein zweites trauriges Lied. Kennen Russen denn nur Lieder, die zum Weinen sind?
Am Nachbartisch sitzen drei Männer, wilde Gesellen. Sie haben kurze, dunkle Haare und einer trägt einen schwarzen Vollbart. Er hat ein Handy. Die wilden Gesellen trinken nur Wasser. Oder Wodka-Wasser.
Mama trinkt roten Wein. Das darf sie.
Die Männer schütten sich das Wodka-Wasser aus einer **Karaffe** in hohe Gläser ein. Sie trinken eine Menge Wodka-Wasser. Dabei reden sie auch viel und lachen laut, aber der Sänger singt immer traurigere Lieder.

Da steht der Geselle mit dem Handy auf und geht zur Bühne. Er drückt dem Sänger Geldscheine in die Hand, ein paar Rubbelchen, und flüstert ihm was ins Ohr.
Millie hört auf zu essen, weil sie unbedingt zusehen muss. Ach so, der Mann mit dem Handy hat sich ein Lied gewünscht. Der Sänger geht an das kleine Klavier und haut mit Karacho in die Tasten. Auf einmal kann der Sänger auch anders sein. Er singt ein heiteres Lied, so fröhlich, dass Mama mit der Fußspitze wippt und Millie auch ein wenig mit dem Kopf wackelt. Das Wackeln passiert von selbst, weil der Rhythmus **ins Blut geht**. Der Sänger singt in einer Tour. Es hört sich an wie *tschornjet glasa, tschornjet glasa, tschornjet glasa* und der mit dem Handy tanzt wie verrückt dazu. Dann stehen die anderen beiden wilden Gesellen auf und legen auch **ein Tänzchen aufs Parkett**, das sieht richtig gut aus.
Mama lacht und hebt ihr Glas. Sie sagt: »Nasdarowje.«
Nanu, seit wann kann Mama denn Russisch?
Dass Mama zu ihnen was auf Russisch sagt, freut die Männer sehr. Sie heben ebenfalls ihre Wodka-Wasser-Gläser und prosten Mama zu.
Millie hat schon Angst, dass die wilden Gesellen Mama zum Tanzen auffordern und sie Millie wegnehmen

könnten. Aber nein. Sie tanzen ganz alleine weiter, lustig, lustig, trallalalala, und alle im Restaurant schauen zu und sehen so glücklich aus wie die Leute in der Erlöser-Kathedrale.
Millie darf sich noch einen Nachtisch aussuchen, nämlich ein großes Stück Schokoladenkuchen. So was gibt es auch in Moskau, prima, prima, große Klasse. Und Millie hat nicht gekrümelt!
Die Männer haben sich inzwischen wieder hingesetzt, und der Sänger singt aufs Neue traurige Lieder. Macht nichts. Es ist spät und Mama muss das Essen bezahlen. Sie wird eine Menge Rubbelchen los, als die Kellnerin ihr die Rechnung für Hühnchen und Süppchen und Weinchen auf den Tisch legt. Ein Rubbelchen fällt runter, eine Münze. Und das Rubbelchen rollt und rollt. Und ward nicht mehr gesehen.
Mama versucht, sich mit der Kellnerin zu unterhalten. Das dürfte schwierig werden, Mamilein. Aber nein, sie erfährt tatsächlich, wovon der Sänger im fröhlichen Lied gesungen hat. Das muss Mama ihr auf dem Heimweg erzählen. Dann hat Millie was zu berichten, wenn sie im Hotel noch schnell an Trudel schreibt.

Achter Eintrag ins Tagebuch:
Trudetschka,
es gibt doch wilde Gesellen in Moskau. Und dauernd Musik: Engelsgesang und viele traurige Lieder, aber auch lustige über schwarze Augen.
Schwarze Augen ist ein schönes Lied. Man kann dazu tanzen. Sogar mit Handy. Und wenn man bezahlt, rollt der Rubel, das Rubbelchen.
Das schreibt Millietschka.

Der Popoclown

Moskau ist für eine ganze Menge berühmt. Für den russischen Winter, für den Krümel, die Kirchen, für Dichter, Theater und die Flatterbeine. Vor allem aber ist Moskau berühmt für seinen Zirkus. Den wollen Mama und Millie sich doch nicht entgehen lassen.

Frau Kuschiwuschi hat Mama beschrieben, wie man dorthin kommt. Sie und ihr Söhnchen werden vor dem Eingang auf Millie und Mama warten.

Oje. Millie findet es immer noch schwierig, mit jemandem zusammen zu sein, mit dem man nicht reden kann. Andruscha hat bisher nur zwei Wörter zu ihr gesagt: *Astaroschna* und *njet*. Das sind wahrscheinlich die wichtigsten Wörter auf Russisch, aber ein bisschen mehr wäre schon nett.

Der russische Staatszirkus ist nicht nur in Moskau berühmt, sondern in der ganzen Welt. Mama hat ihn schon **vor hunderttausend Jahren** gesehen. »Da war der berühmte Clown Popov dabei«, sagt sie. »Und ich wette, es gibt ihn heute noch.«

Bestimmt. Auf den Plakaten ist er jedenfalls abgebildet.
Im Zirkus ist es pickepacke voll. Viele Kinder, aber auch eine Menge Erwachsene sitzen auf den Holzbänken, die Reihe für Reihe ansteigen, damit alle Zuschauer gut sehen können. Die meisten Kinder halten Glitzerblitzer-Leuchtstäbe in der Hand. Millie nicht. Andruscha auch nicht. Blöd, aber da sind sie wenigstens zu zweit.
Sie haben in der dritten Reihe seitlich von der Manege Platz gefunden. Vor Millie sitzt ein dicker Opa mit Lederpelzjacke. Schon wieder so ein Väterchen Frost. Na, hoffentlich sieht Millie trotzdem was vom Zirkus. Mit Mama den Platz zu tauschen wird nichts bringen, denn eine mollige Babuschka hat sich neben dem Opa niedergelassen. Und Andruscha, vor dem so **ein schmales Hemd** sitzt, kann Millie nicht fragen. Er wird sowieso nur *njet* antworten.
Vorne links ist ein Podest für ein kleines Orchester aufgebaut, und vier Männer im schicken Anzug spielen zum Glück fröhliche Musik. Ramtamtam, ramtamtam.
Die Leute klatschen dazu.
Das Licht wird gedämpft, ein bisschen bläulich sieht es jetzt aus. Nun wird's gleich losgehen.
In diesem Moment beugt sich Frau Kuschiwuschi vor und

bittet ihr Söhnchen, mit Millie den Platz zu tauschen. Andruscha zieht wieder so eine beleidigte Schnute, aber er steht auf. Millie drängt sich an ihm vorbei. Jetzt sitzt Mama leider nicht mehr neben ihr. Na, hoffentlich wird sich Zar Mickymaus gleich wieder beruhigen.

Schon taucht der Zirkusdirektor auf. Er kündigt die Künstler an. Der erste ist Tscharlie, ein Clown im schwarzen Anzug und mit Schnurrbart und Hut.

Tscharlie flitzt durch die Manege. Die Polizei ist hinter ihm her. Renn, Tscharlie, renn!

Da krabbelt er über die Leute hinweg. Die lachen auch noch!

Ist er gerettet?

Nein, die Polizei sucht weiter nach ihm. Tscharlie klettert auf den Schoß einer fetten Frau und will sich zwischen ihren mächtigen Brüsten verstecken. Oh, wie sich die Leute amüsieren! Mama lacht Tränen und Millie macht sich vor Vergnügen fast die Hose nass.

Und die Musiker?

Die blasen und streichen und tuten, **was das Zeug hält**.

Trompete! Trompete!

Das Licht im Zirkus wird noch blauer, noch tiefer und dunkler. **Geheimnisvoll.**

Die Akrobaten kommen. Weiß und schwarz gekleidete Schlangenmädchen. Sie biegen und verrenken sich zur Musik, dass Millie schon vom bloßen Zuschauen Rückenschmerzen bekommt. Die Schlangenmädchen haben keine Knochen im Körper, nur Gummi. Sie werden jetzt von rot angezogenen Turnmännern hoch in die Luft geworfen und zum Glück auch wieder aufgefangen. Sonst würden die sich nämlich auch die Gummiknochen brechen. Ein Schlangenmädchen hat bereits einen dicken Verband mit Ostereischleife am Handgelenk.
Die weißen und die schwarzen und die roten Akrobaten turnen aber ganz **unglaublich**. Sie stehen Hand auf Hand oder Fuß auf Schulter oder Hand auf Kopf oder Kopf auf Hand und sogar Kopf auf Kopf.
Irgendwie riecht es im Zirkus komisch. Millie schnuppert. Es riecht ein bisschen nach Aa. Es riecht so wie Trudel manchmal, wenn sie es nicht rechtzeitig geschafft hat.
»Ist was, Millie?«, fragt Mama, weil Millie mit der Nase schnüffelt.
Millie schüttelt den Kopf. Vielleicht riecht es im Zirkus immer komisch.
Und ist das jetzt der Popoclown? Ja, das könnte er sein. Er trägt eine gestreifte Hose und eine karierte Mütze.

Leise Musik. Es ist **mucksmäuschenstill**.
Der Popoclown wandert umher. Er sammelt Sonnenschein ein. Hier einen Strahl und dort einen Sonnenflecken. Mit beiden Händen hebt er das Licht vorsichtig hoch. Und dann zündet er mit den eingesammelten Sonnenstrahlen eine Laterne an.

Ooohhh.
Trompete! Trompete!
Jetzt ist der Jongleur an der Reihe. Dann kommen die Motorradfahrer und noch mal Tscharlie, er pfeift auf einer Trillerpfeife. Und schließlich hüpft ein Mann auf einem hin- und herpendelnden Schlappseil. Er hat auch eine Ostereischleife am Handgelenk.
Zirkus ist gefährlich!
Nix für Millie.
Der Zirkusdirektor bietet auch was **zum Besten**. Er kann auf dem Trampolin springen. Aber er klemmt sich dabei den Finger ein, er stößt sich die Nase und fällt auf die Kante. Da muss er sich den Pimmel festhalten.
Aua, aua.
Pause!
Die Kinder wedeln mit ihren Leuchtstäben. Millie hätte auch gern einen Glitzerblitzer-Leuchtstab. Aber weil Andruscha brav ist und seine Mama nicht nervt, muss Millie auch so tun, als sei sie ein liebes Kind, und still sitzen und zusehen, wie die Manege umgebaut wird.
Die Zirkusleute richten ein hohes Gitter auf und stellen einige Metallhocker in die Manege.
Raubtier-Schau!

Die Pause ist zu Ende und schon kommen die Löwen. Ein Löwe und fünf Löwinnen.
So einen schönen Löwen hat Millie noch nie gesehen. Er ist hellgelb wie Wüstensand, aber seine wilde Mähne ist dunkel und zieht sich von Stirn und Kinn nach hinten und untenherum den halben Bauch entlang.
Er hat herrliche Puschipfoten!
Die Löwinnen haben sich auf die Metallhocker gesetzt. Aber der Löwe stolziert erst einmal im Kreis um die Manege. Er guckt sich alles genau an. Passt ihm was nicht? Als er seine Runde beendet hat, geht er noch einmal quer durch die Manege und dreht sich um. Er streckt sein Hinterteil dem Publikum entgegen und spritzt einen Pipistrahl in die Menschenmenge.
Und was für einen!
Die zweite Reihe in der Mitte wird vom Löwenpipi nass gesprengt. Die Leute schreien auf.
Der Löwe aber schreitet ungerührt weiter. Ein Hocker ist noch frei. Der steht genau an der Seite, auf der Millie sitzt. Ihr Platz ist zwar nicht in der zweiten, sondern in der dritten Reihe, aber der Pipi-Löwe hat sich jetzt auf dem hohen Hocker niedergelassen. Sein Löwenpopo ragt direkt in Millies Richtung. Zu blöd, dass sie ihren Platz vorhin mit

Andruscha getauscht hat. Sie wäre ja von dem dicken Opa mit der Lederpelzjacke geschützt gewesen. Jetzt sitzt nur das schmale Hemd vor ihr.

Mist!

In der Manege zwischen all den Löwen steht eine Frau im Glitzerglanzanzug und mit Peitsche. Sie sagt den Löwen, was sie tun sollen. Sie sagt es nicht auf Russisch, überhaupt nicht mit Worten. Sie macht es mit Zeichensprache und Peitschenknall. Höchstens brüllt sie mal *Heh* oder *Hoh.*

Die Löwen verstehen sie. Sie hopsen von den Hockern und gehen nach hierhin und nach dorthin.

Das sind die Löwinnen.

Der Pipi-Löwe aber hört nicht auf sie.

»Heh!«

»Hoh!«

Der Löwe hat gar keine Lust, was zu tun. Der will der Glitzerglanztante nicht gehorchen. Sie hat ihm deshalb wohl auch nicht beibringen können, dass man nicht **in aller Öffentlichkeit** Pipi macht. Man muss warten, bis man einen Busch gefunden hat. Der Löwe hat **keine Manieren**.

»Heh!«

»Hoh!«

Millie muss auf den Pipi-Löwen achten. Sie bekommt gar nicht mit, was die Löwinnen in der Manege anstellen. Ob sie hüpfen oder Kopfstand machen. Sie kann nur auf den Popo vom Löwen schauen, der immer noch in ihre Richtung zeigt. Manchmal krampfen sich seine Popomuskeln zusammen.

Muss er schon wieder?

Muss er?

Millie überlegt, was sie tun kann, damit sie das Löwenpipi nicht ins Gesicht bekommt. Wenn er loszischt, wird sie **in Deckung** gehen müssen.

Da! Jetzt richtet sich der Löwe etwas auf. Er hebt seinen Hintern an.

Und im selben Moment taucht Millie, hast-du-nicht-gesehen, unter. Sie lässt sich blitzschnell vom Stuhl rutschen und auf die Bretter unter ihren Füßen fallen.

»Millie!«, ruft Mama erschrocken.

Frau Kuschiwuschi ist auch zusammengezuckt.

»Millietschka!«

Sie will Millie aufhelfen. »Was ist passiert? Bist du Angsthäschen?«

Nee!

Oder doch?

Vorsichtig hebt Millie ihren Kopf. Es sieht nicht so aus, als ob der Löwe ungezogen gewesen wäre. Das schmale Hemd vor ihr scheint noch trocken zu sein. Millie ist also doch nur ein Angsthase gewesen. Ein Häschen.
Der Löwe auf dem Hocker wendet in diesem Moment den Kopf. Er schaut sich nach Millie um. Bestimmt! Und wenn sie sich nicht täuscht, dann grinst er sie sogar an. Ja, er hat Millie ganz schön ins Schwitzen gebracht. Das weiß der Kerl genau!
Aber nun lässt er sich vom Hocker gleiten und trabt stolz und gemächlich durch die Manege. Er bequemt sich sogar, einmal Männchen zu machen und seinen schönen Bauch zu zeigen.
Und nun springt der Pipi-Löwe tatsächlich noch einmal auf den Hocker. Er wendet Millie den Rücken zu. Der lange Schwanz mit der dunklen Quaste fegt hin und her.
Halt bloß zu, Löwe, halt zu!
Zum Glück ist die Raubtier-Schau aber zu Ende. Die Löwen dürfen durch den Gittergang nach Hause flitzen. Sie haben es eilig. Sie müssen aufs Löwenklo.
Trompete! Trompete!
Im Zirkus riecht es jetzt nicht mehr nach Aa, sondern nach Pipi.

Ganz zum Schluss ist der Popoclown wieder da. Er hat einen Wolf mitgebracht. Ach nee, ist auch nur ein nettes, liebes, schwarzes Hündchen, das er weit hinter sich an die Leine legt.
Der Popoclown macht Picknick. Aus einem Korb nimmt er ein Butterbrot und legt es auf die Seite.
Ach, die Wurst fehlt ja noch.
Der Popoclown dreht sich um und holt die Wurst aus dem Korb. Als er sich wieder umwendet, staunt er aber.
Hups.
Das Brot ist weg!
Der Clown weiß nicht, dass sich das Hündchen das Brot geholt hat. Der kleine Hund hat seinen Kopf ganz einfach aus der Schlinge ziehen können.
Der Clown legt die Wurst auf die Seite.
Ach, es fehlt ja noch was zu trinken.
Der Popoclown dreht sich um und greift nach einer Flasche im Korb. Die ist mit Wodka-Wasser gefüllt. Dann schaut er sich um.
Nanu. Die Wurst ist auch weg!
Der Clown hat immer noch nicht kapiert, dass sich das Hündchen die Sachen klaut. Nur die Zuschauer haben das mitbekommen. Sie lachen sich **dumm und dämlich**.

Der Clown schüttet sich nun Wodka-Wasser in ein großes, hohes Glas. Er nimmt ein kleines Schlückchen.
Puh.
Er schüttelt sich.
Jaha, Wodka-Wasser ist giftig!
Der Clown braucht eine Serviette, um sich den Mund abzuwischen. Er stellt das Glas ab, dreht sich um und kramt im Korb nach der Serviette.
Und was macht der kleine Hund?
Na, der kommt angeflitzt und säuft das Wodka-Wasser aus. Dann läuft er blitzschnell zurück auf seinen Platz und bringt es sogar fertig, den Kopf wieder in die Schlinge zu stecken. Dann fällt er platt auf die Seite, denn er ist total besoffen. Das Hündchen muss erst mal pennen.
Der Popoclown versteht die Welt nicht mehr. Der Hund ist an der Leine, aber die schönen Picknick-Sachen sind verschwunden. Der Popoclown kratzt sich den Kopf und denkt, dass er selber total besoffen ist.
Trompete! Trompete!
Schön ist es im Zirkus gewesen. Da wird Millie heute Abend noch was zum Schreiben haben!

Millies neunter Eintrag ins Tagebuch:
Heute war Zirkus. Mit Pipilöwe. Aber am Schluss hat es im Zirkus nach Waffeln gerochen. Die gab es zu kaufen und Mama hatte sogar ein paar Rubbelchen über.
Zu den Waffeln habe ich nicht njet gesagt, sondern da. Andruscha auch. Vielleicht ist er doch oke.

»Millie, okay schreibt man so: Oh-Ka-Ah-Ypsilon.«
Oke, Mama.

Roter Oktober

Heute ist Millies letzter Tag in Moskau. Gegen Abend wird sie wieder nach Hause fliegen. Der eisige Winter wird in Russland bleiben.
Millies Nase macht tropf, tropf, tropf. Zum Glück hängt immer noch kein Eiszapfen dran. Wie sähe das denn auch aus!
Jetzt eiert sie mit Mama über die Bürgersteige zum Arbat. Das ist eine berühmte Einkaufsstraße in Moskau, die es schon **seit Ewigkeiten** gibt.
Ob Millie nicht mal stehen bleiben und spielen darf? Hier ist doch so ein schöner Spielplatz. Dicker Schnee. Eine Wippe mit zwei lustigen Kerlchen, die das Schaukelbrett an den Seiten stützen. Millie kann nicht erkennen, ob es Bärchen oder Hündchen und Mäuschen sein sollen. Wie niedlich die Holzfiguren sind. Und fast so groß wie Millie. Doch es ist niemand auf dem Spielplatz, der mit ihr wippen könnte.
Aber auf dem Arbat ist vielleicht was los! Es gibt ganz viele Geschäfte und vor den Geschäften Verkaufsstände mit

Handtaschen und Klickklack-Feuerzeugen und neben den Geschäften sogar ein Theater.
Ein Feuerzeug könnte jedenfalls nützlich sein.
»Mami, kauf mal eins.«
»Wozu denn, Millie?«
»Zum Auftauen, Mami. Meine Nase friert schon fast zusammen.«
Das stimmt wirklich. Wenn Millie die Nasenwände zusammendrückt, bleiben sie aneinander kleben. Was ist, wenn die Nase nicht wieder aufgeht? Kriegt Millie dann keine Luft mehr?
Aber Mama kauft kein Feuerzeug. Weder das blaue noch das schöne Klickklackding, das im Sonnenschein wie die Sterne auf den Krümel-Türmen **rubinrot** leuchtet. Damit könnte man auch zu Hause eine Herzenswunsch-Kerze anzünden. Oder hat Mama kein Geld mehr?
Doch, doch, doch. Und es wird höchste Zeit, die letzten Rubbelchen auszugeben. Millie braucht noch ein Andenken, und Trudelchen wird sich über ein Mitbringsel ebenfalls freuen. Bestimmt!
»Wie wäre es mit einer Matroschka für euch beide?«, fragt Mama.
»Mit einer?« Millie ist richtig empört.

»Na, mit einer Matroschka für jeden von euch«, beruhigt Mama sie.
Na, das meint Millie doch.
Also kauft Mama zwei Matschpuppen. Millie kriegt eine mit sieben Püppchen und Trudel eine mit fünf. Das ist gerecht.
Schade, dass Millies Matschpuppe nicht ganz so glitzernd und bunt ist wie die *Schöne Melusine* aus dem Jeli-Deli-Laden. Deswegen heißt sie auch nur *Kleine Melusine*.
Bitte schön einpacken!
Die Verkaufsfrau am Stand hat nur Zeitungspapier zum Einpacken. Millie kann die Zeitung nicht mal lesen, weil sie ja in Korallenschrift gedruckt ist.
Am Ende des Arbat wollen sich Mama und Millie mit Frau Kuschiwuschi und Andruscha treffen. Vor dem Café Muh-Muh. Der Weg dorthin ist lang und rutschig, weil die Fußgängerzone total vereist und knubbelig ist. Astaroschna!
Der Arbat nimmt und nimmt kein Ende. Ob Mama im Stadtplan auch richtig nachgesehen hat? Sie denkt jetzt ebenfalls, dass sie sich vertan haben könnte. Es gibt nämlich einen alten und einen neuen Arbat. Ob sie umkehren sollen?
»Na, noch hundert Schritte«, sagt Mama.

Will Mama jetzt die Schritte zählen?
Nee, sie hat das nur so gesagt. Aber Millie fängt mal an zu zählen, dann ist der Marsch nicht so langweilig. Sie kommt bis achtundvierzig. Da bleibt Mama stehen.
»Jetzt reicht es mir«, sagt sie. »Wo ist denn dieses blöde Café?«
Millie blickt sich suchend um. Und hört sich Muh-Muh nicht an wie Muh-Kuh?
»Da!«, brüllt Millie und weist mit dem Zeigefinger nach vorne. »Da ist doch eine Muh-Kuh!«
Na, gibt's denn so was! Eine richtige schwarz-weiße Kuh mitten auf der großen Einkaufsstraße in Moskau?
Tatsächlich. Jetzt hat Mama die Kuh auch gesehen. Sie steht vor einem Café, über dessen Tür *My-My* steht. Aber man spricht das wohl Muh-Muh aus. Ach so.
Millie und Mama schlittern hinüber, dann erst können sie sehen, dass die Muh-Kuh gar nicht echt, sondern aus Plastik ist und nicht mal Muh-Muh brüllen kann.
Frau Kuschiwuschi und Zar Mickymaus kommen auch gerade angerutscht.
Was ist denn heute als Abschiedsvorstellung geplant?
Roter Oktober.
Die Schokoladenfabrik!

Ah!
Ja!
Das hätte Millie schon fast vergessen. Die berühmteste Moskauer Schokoladenfabrik heißt ja *Roter Oktober*.
»Willst du wissen, warum, Millietschka?«
Na ja. Oke.
Frau Kuschiwuschi erklärt, dass im Oktober vor vielen, vielen Jahren die Leute genug davon hatten, immer von Zaren regiert zu werden. Sie machten **Revolution**. Die Leute wollten selber das Sagen haben.
Rot ist die Farbe der Revolution. Rote Rose. Rote Nelke. Roter Stern. Und in Erinnerung an die Revolution heißt die Schokoladenfabrik, die es damals auch schon gab, eben *Roter Oktober.* Dort soll es die feinste Schokolade in ganz Russland geben, zartbittere Pralinen, süß schmelzendes Konfekt.
Lecker, lecker.
Sind alle mit Frau Kuschiwuschis Vorschlag einverstanden?
Mama nickt.
Millie sagt: »Da.«
Und was sagt Andruscha mit den Segelohren?
Erst mal gar nichts.
An Frau Kuschiwuschis Seite ist es natürlich leicht, die

richtige Metpopo zu finden. Und BOX und BIX. Trotzdem ist es am Ende noch ein weiter Fußmarsch. Aber was tut man nicht alles für feine Schokolade.

Sie müssen über eine Mostquappen-Brücke laufen, denn *Roter Oktober* befindet sich auf einer Insel mitten im Fluss.

Schlepp, schlepp, schlepp.

Millies Mond-Stiefel sind schwer und werden **mit jedem Schritt** schwerer und schwerer. Millie kann die Füße gar nicht mehr heben.

Schlurf, schlurf, schlurf.

Sie trabt schweigend neben Andruscha und seiner himmelhohen Kappka her. Was sollen sie auch miteinander reden? Drei, vier Worte vielleicht.

Ja und nein:

Da und *njet.*

Dann noch bitte, danke, hallo und macht nichts:

Spaß und lustig

Spatzenklo

Bratwurst

und

Nitschewo

Wie ihr das so durch den Kopf geht, haben sie die Schokoladenfabrik aber schon fast erreicht. Eine riesige Schrift

prangt an der Wand: *Roter Oktober*. Das ist in Korallenschrift geschrieben, und wenn Millie nicht gewusst hätte, was das heißen soll, dann hätte sie gedacht, es hieße *Krachender Oktopussi*.
Mit einem Mal riecht die ganze Luft nach Schokolade. Hmhmhm.
Schnupper doch auch mal, Andruscha!
Und tatsächlich hebt Andruscha mit den Segelohren den Kopf und schnüffelt.
Er lächelt.
Jaaa!

Und jetzt murmelt er sogar was mit *apitita*. Fein. Hat er das zu Millie gesagt?
Bitte in die Schokoladenfabrik eintreten!
Dort gibt es auch eine Verkäuferin, die in einem Holzbüdchen eingequetscht ist. Sie ist von lauter Schokoladentafeln, Bonbons, Pralinen und Konfektschachteln umgeben.
Das wird heute ein Fest!
Gut, dass Mama bei der Verkaufsfrau auf dem Arbat nicht ihr ganzes Geld losgeworden ist. Sie besitzt immer noch

ein paar Rubbelchen. Die will sie jetzt ausgeben, denn in wenigen Stunden geht es ja nach Hause zurück.
»Werden wir dich sehen wieder, Millietschka?«, fragt Frau Kuschiwuschi.
Das könnte sein. Millie hat zwar schon eine Menge in Moskau gesehen, aber ein paar wichtige Dinge fehlen noch. Die Schatzkammer mit der Zarenkrone und den goldenen Ostereiern, den prächtigen Kutschen und den vielen kostbaren Diamanten.
Dann müssten sie wohl auch noch die berühmten toten Dichter auf dem Friedhof besuchen, Toll-Toll und Pastor-Nackig. Na, mal sehen.
Mama hat inzwischen den ganzen Schokoladenvorrat der Quetschfrau aufgekauft. Millie soll die Tüte halten, denn Mama und Frau Kuschiwuschi wollen sich hinsetzen, Kaffee trinken und ein letztes Mal über Moskau reden.
Nasdarowjebabuschkanitschewo.
Millie und Andruscha bleibt nichts anderes übrig, als sich auf die Treppe zu setzen, die seitlich von der Quetschfrau in die Fabrik hineinführt, und zu warten, bis Mama und Frau Kuschiwuschi fertig sind. Macht nichts. Sie haben ja ausreichend Schokolade.
Andruscha hat seine Kappka abgenommen und die Ohren

etwas angelegt. Millie hat sich schon fast an den Anblick der Segelohren gewöhnt.

Andruscha zeigt auf die blaue Schokolade in Millies Beutel.

»Ist die gut?« Millie sieht ihn fragend an.

Andruscha hat sie anscheinend verstanden. Er nickt.

»Dobryj«, sagt er.

Aha.

Jedenfalls sieht die Tafel lecker aus. Auf der Verpackung ist ein Schwan zu sehen. Aber vom Gucken allein wird man nicht satt. Millie kann dem Anblick nicht widerstehen. Sie **muss** die Schokolade auspacken.

Sie will alle Tafeln probieren, die blaue Schwanen-Schokolade, die Reiter-Schokolade, die lila, die rote, die braune und die Denkmal-Schokolade.

Ob Zar Mickymaus mitmacht?

Oh ja.

Andruscha hilft Millie beim Naschen, das ist doch wohl klar. Denn es gilt:

Redlich teilen wir die Gaben,
die sich eingefunden haben,
jeder kriegt das Gleiche ab,
fidibab, fidibab.
Gu-ten Ap-pe-tit.

So hat Millie das schon im Kindergarten gelernt.

Auf einer Tafel Schokolade ist Andruscha abgebildet. Ohne Segelohren. Millie zeigt auf die Schokoladenverpackung.

»Andrej«, sagt sie. Sie weiß, dass er es nicht mag, wenn er von Fremden Andruscha genannt wird.

Er schüttelt den Kopf.

»Njet«, sagt er. »Andruscha!«

Millie muss grinsen. Hat er sie etwa in sein Herz geschlossen?

Andruscha zeigt auf eine Tafel, auf der ein kleines Mädchen abgebildet ist.

»Millietschka«, sagt er.

»Njet«, sagt Millie. »Trudetschka.«

Andruscha guckt blöd. Aber wie soll sie ihm erklären, dass sie noch eine kleine Schwester hat? Das kann sie nicht und sie versucht es auch gar nicht erst. Lieber knackt sie noch die restlichen Tafeln und teilt alles **gerecht** für beide auf.

Mama bekommt **einen Schock**. Etwas Schokolade sollte doch für zu Hause bleiben.

Ist das schlimm?

Nitschewo. Mama tut nur so.

»Und am besten ist die Trudel-Schokolade«, sagt Millie.

»Aber ehrlich.«

Sie ist nudeldick und proppenvoll, hat sooo einen dicken Bauch. Obwohl die Schokoladentafeln nicht riesig waren. Es waren nämlich bloß Minitafeln, hihihi, und weil Andruscha mitgeholfen hat, war sowieso alles nur **halbehalbe**.

Es ist Zeit zu gehen und Abschied zu nehmen.

Draußen knallt die Sonne auf die Stadt. Sieht warm aus, ist aber immer noch saukalt.

Mütze aufsetzen! Kappka!

Wie ein Schattenriss taucht an der Spitze der Schokoladeninsel ein großes Denkmal auf, das ist Peter der Große. Der ist auch mal Zar gewesen. Auf dem Denkmal ist er neben einem gigantischen schwarzen Segelschiff zu sehen.

Gibt es über ihn was zu erzählen?

»Ja, Millietschka«, sagt Frau Kuschiwuschi. »Peter war bärenstark. Er ging gern mit Leuten.«

»Er mischte sich gern unter das Volk«, verbessert Mama.

»Ja«, bestätigt Frau Kuschiwuschi. »Er war Freund von Seeleuten und liebte Wasser und Meer. Einmal ging Peter nach Holland und auch nach England. Wollte lernen Schiffe bauen. Er war Zar und Holzmann.«

Zimmermann, Frau Kuschiwuschi!

»Ja. Zar und Zimmermann. Aber er machte Beschluss, dass

alle Männer modern sein müssen. Sie sollten langen Bart abschneiden. Da hatte er Ärger. Peter machte auch andere Hauptstadt. Petersburg und nicht mehr Moskau. Petersburg war Hauptstadt über zweihundert Jahre.«
»Bis zum Roten Oktober«, fügt Mama hinzu. »Ungefähr.«
Na, dann ist ja alles klar. Den Rest wird Millie bestimmt noch in der Schule lernen. In der nächsten Klasse oder der übernächsten oder noch viel später.
Jetzt müssen sie sich von Frau Kuschiwuschi und Andruscha trennen.
Auf Wiedersehen, auf Wiedersehen.
»Do swidanja, Millietschka!«
Frau Kuschiwuschi und Andruscha gehen die Straße hinunter. Mama und Millie schlagen den Weg über die Brücke ein. Sie müssen die Mostquappe wieder überqueren, die Moskwa, ja, ja, und dabei werden sie noch einmal an der Erlöser-Kathedrale vorbeikommen. Die erstrahlt jetzt in der grellen Wintersonne weiß und golden wie die reinste **Herrlichkeit auf Erden**.
Mitten auf der Brücke sehen sie sich noch einmal um. Drüben steht Frau Kuschiwuschi und winkt. Auf der einen Seite das Denkmal von Zar und Zimmermann neben sich und auf der anderen Seite ihr Söhnchen.

Zar Peter und Zar Mickymaus.
Peter mit dem Segelschiff und Andruscha mit den Segelohren.
Andruscha hat seine Kappka abgenommen und schwenkt sie hin und her. Sie fällt ihm aus den Händen, und ein plötzlicher Windstoß bläst sie fast in die Mostquappe.
»Astaroschna!«, schreit Millie. »Astaroschna!«
Andruscha rennt der Kappka hinterher, hat sie gerade noch erwischt und stülpt sie wieder über seine Ohren.
Er lacht.
Andruscha mit den Segelohren, das ist vielleicht einer!